T0355790

LAIA DE AHUMADA
CINTA FOSCH

OBLIGADOS a PARTIR

Seis testimonios de jóvenes migrantes

AKIARA books

Publicado por AKIARA books
Plaça del Nord 4, pral. 1ª
08024 Barcelona
www.akiarabooks.com
info@akiarabook.com

Primera edición: marzo de 2024
Colección: Akivida, 1
Dirección editorial: Inês Castel-Branco
Producción gráfica: Glòria de Valdivia Pujol
Corrección lingüística: Elena Martín Valls

Impreso en España: @Agpograf_Impressors
Depósito legal: B 3.095-2024
ISBN: 978-84-18972-50-8

Este libro se ha impreso sobre papel offset reciclado 100% Shiro Echo White de 140 g/m²
y la cubierta sobre papel Brossulin XT de 250 g/m².

En la tipografía, se han usado las familias Adobe Garamond y Franklin Gothic.

AKIARA trabaja con criterios de ecoedición, optimitzando el diseño, seleccionando papeles certificados
y buscando una producción de proximidad para minimizar el impacto ambiental.

Este producto está hecho con material procedente de bosques certificados FSC® bien gestionados y de materiales reciclados.

SUMARIO

HISTORIAS QUE ME HAN CONTADO

OBLIGADOS A PARTIR es un libro de entrevistas, magníficamente ilustrado por Cinta Fosch, en el que tres mujeres y tres hombres, entre veinte y cuarenta años, nos relatan sus historias de emigración, algunas de las cuales tuvieron lugar cuando aún eran menores de edad. Sus procedencias son diversas. Parten de diferentes países de África, Oriente Próximo y América del Sur, y residen actualmente en España.

No han sido pocos los retos a los que he tenido que enfrentarme durante la elaboración de este libro; entre ellos, la oralidad, y también mi desconocimiento de los intrincados trámites legales que tuvieron que afrontar las personas entrevistadas. Pero lo más duro ha sido escuchar sus historias, acogerlas y darles voz sin tergiversar la fuerza de su mensaje.

Sus palabras han sido gestadas en una odisea, y es necesario escucharlas atentamente y respetarlas. Por esta razón, he intentado mantener la oralidad del lenguaje de cada uno de ellos, interpretando sus silencios, cazando palabras al vuelo y añadiendo solo las frases estrictamente necesarias para su comprensión.

Los trámites legales a los que deben enfrentarse estas personas son largos y complicados, pero siempre se reducen a una sola palabra: «papeles», un sencillo vocablo al que, por desconocimiento, no se le da la importancia que tiene. Es por eso por lo que, al final del libro, he querido desglosar los diferentes trámites con informaciones orientativas que, por supuesto, no contienen todo lo dispuesto en la normativa vigente en España.

Unas veces, son historias relatadas con voces temblorosas; otras, con lágrimas en los ojos; con palabras repetitivas para resaltar la desesperación de lo vivido, y también con silencios, donde no caben las palabras. Lo que nos cuentan los protagonistas de estas historias son recuerdos dolorosos y, con el fin de no despertarlos, pasan por ellos de puntillas. Debo reconocer que me sabía mal tener que enfrentarlos de nuevo a su dolor con la lectura del manuscrito, pero me sorprendió su gran valentía. Ninguno se echó atrás; es más, cada uno de ellos ha revisado el texto y ha dado su opinión y su beneplácito para la publicación.

Los entrevistados nos explican cómo era su vida antes de emigrar; por qué partieron y cómo lo hicieron, y el camino y la lucha que tuvieron que soportar a causa de una injusticia estructural que los obligó a viajar ilegalmente. También nos relatan su nueva vida en un país desconocido, donde siempre serán considerados inmigrantes.

A diferencia de los hombres, que han viajado en patera, las mujeres entrevistadas lo han hecho en avión, pero la vida en el país de acogida tampoco ha sido nada fácil para ellas. Las historias que nos cuentan son historias de adaptación a una cultura, una sociedad y una lengua diferentes, con los agravantes de la ilegalidad, la soledad, la ausencia de oportunidades, el miedo y la pérdida de identidad y autoestima.

Es por todo ello por lo que considero significativas tanto las penurias de las emigraciones como las de la vida como inmigrantes en el país de acogida, donde todos deben soportar los estereotipos que los nativos, sin darse cuenta, han creado respecto a ellos. Tópicos nacidos del miedo al que es diferente y del desconocimiento de las dificultades de estas personas, inauditas para la mayoría de nosotros porque tenemos papeles, identidad y apoyo social.

Y, a pesar de todo, ninguna de las personas entrevistadas quiere irse de aquí. Han conseguido su objetivo: tienen «papeles», vínculos y una vida asentada en el país. Y una cosa muy importante: pueden ayudar a su familia.

Son historias de éxito, gracias a que personas y entidades se han ocupado de acoger a estos jóvenes para que así fuera. De ahí que, desde el sufrimiento de la soledad vivida, todos valoren la importancia de encontrar a alguien que los ampare, ya que el encuentro los ha hecho capaces de integrarse y salir adelante.

La finalidad de este libro es conseguir, al menos, que los lectores sean capaces de ponerse en la piel de las personas inmigradas que tienen a su lado, que las miren a los ojos sin miedo, que las reconozcan, que sepan quiénes son y por qué han venido, que escuchen cómo se sienten, a qué han tenido que renunciar y cuánto se han arriesgado.

Este libro también pretende cambiar la mirada sobre la persona migrante: dignificarla y visibilizarla, darla a conocer y presentarla como una visita deseada y enriquecedora..., porque quien conoce, reconoce y ama.

Estas son historias que me han contado a mí para que yo os las cuente a vosotros con el fin de que no se repitan y no se olviden, a pesar de que sus protagonistas quieran olvidarlas.

LAIA DE AHUMADA

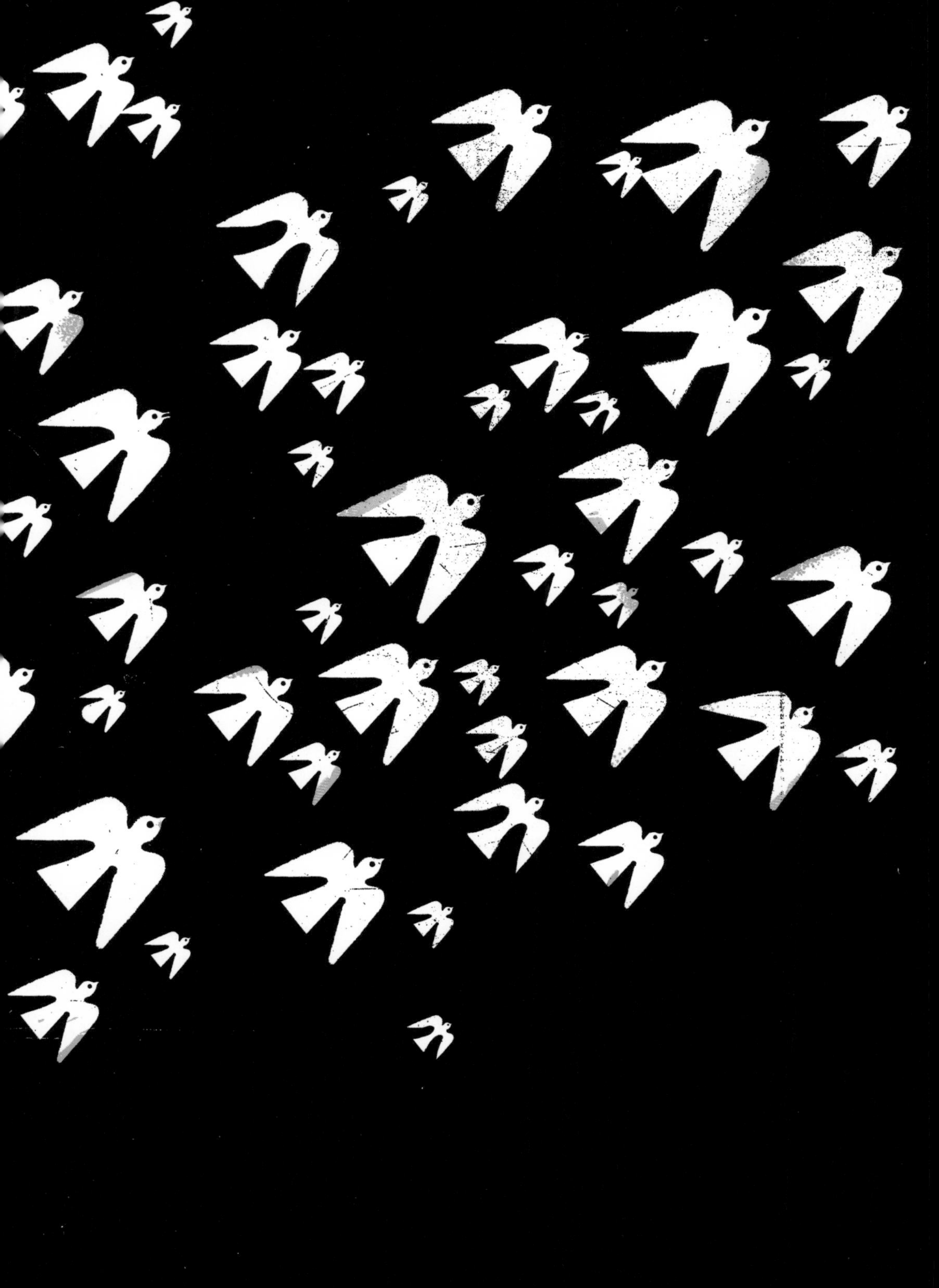

SOLY DUNIA KATO

SI PARÁBAMOS, MORIRÍAMOS

NACE EN BONA (SENEGAL) EN EL AÑO 1984.
LLEGA A LAS PALMAS DE GRAN CANARIA (ESPAÑA) EN 2006.

Me encuentro con Soly en un espacio cooperativo del barrio de Sants, en Barcelona. Está sentado frente al ordenador, trabajando en uno de los proyectos de la Asociación Dunia Kato, a la que puso su nombre, no por alardear, sino por el significado que tienen esas palabras en la lengua mandinga: *Dunia* significa 'mundo' y *Kato*, 'perseverancia'. Dos términos que reflejan la lucha y la preocupación de Soly por mejorar el mundo de la migración.

A pesar de los años que han pasado desde que tuvo que emigrar de su país, aún se emociona cuando relata las penalidades de la huida; y también se enfada por la injusticia que supone tener que emigrar sin poder tener acceso a un visado. Está convencido de que los visados evitarían muchas muertes, tanto en el Mediterráneo como en el desierto.

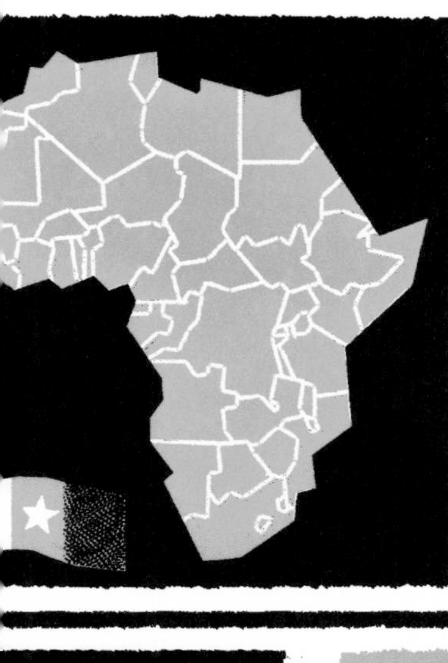

YO TENÍA QUINCE AÑOS

Durante mi infancia, estuve muy unido a mi madre. Tenía una relación muy estrecha con ella; se lo consultaba todo. Con mi padre no me entendía tan bien. Él tenía una buena situación económica, pero todo cambió cuando lo echaron del trabajo. Yo tenía quince años. En aquel momento, me di cuenta de que mi futuro se derrumbaba, porque ya no podría hacer todo lo que deseaba: quería formarme y estudiar para ser ingeniero de caminos, pero ya no sería posible; la situación económica de mi familia no me lo permitía.

Somos seis hermanos y en aquel momento todos estábamos estudiando. Recuerdo que muchas veces caminaba casi diez kilómetros para ir a la escuela, ya que no podía pagar el transporte. El hermano mayor de mi madre, que vivía en Francia, nos ayudaba. Tenía una casa alquilada, y el dinero del alquiler se lo regalaba a mi madre, y ella nos lo daba para el transporte y para nuestros gastos.

TENÍA QUE HACER ALGO

Yo era un buen estudiante, pero me sentía presionado porque veía que mi madre estaba haciendo un esfuerzo conmigo y no quería defraudarla.

Era el segundo hijo de mis padres y, por ser hombre, crecí con todo el peso de la responsabilidad familiar, como es costumbre en mi país. Tengo una hermana mayor, pero a las mujeres no se las carga con esta responsabilidad, porque, cuando se casan, se van con la familia de su marido. En cambio, los hijos mayores siempre tenemos que ocuparnos de nuestros padres y hermanos, no solo económicamente, sino también siendo un buen ejemplo para ellos, actuando correctamente. Todas las miradas siempre están puestas en ti.

Por eso, llegó un momento en que me di cuenta de que ya no podía seguir viviendo de esa manera; tenía que hacer algo. Y abandoné los estudios, porque, si estudiaba, no podía aportar ningún dinero a mi familia.

Entonces fue cuando empezaron a visitarnos los tíos y primos que vivían en Francia. Yo veía que ellos podían hacer todo lo que querían mientras que yo, no. En aquel momento, empecé a pensar en viajar.

«ME VOY DE VIAJE»

Un día, recuerdo que me senté al lado de mi madre y nos pusimos a planear juntos ese proyecto. Yo le dije: «Pero ¿de dónde sacaremos el dinero? Yo no tengo nada». Y mi madre me explicó: «Mira, cuando tú naciste, me dieron un dinero por mi maternidad, y con él te compré, en el pueblo, unas vacas».

Ella vendió las vacas, y también sus joyas y algunas otras cosas que tenía, para darme el dinero para el viaje.

A mi padre lo avisé dos días antes. «Me voy de viaje», le dije. Pero él no dijo nada porque tampoco me podía retener. Sabía que mi madre y yo éramos cómplices. Además, si el hijo mayor te dice eso, te sientes orgulloso, porque ves que está pensando en el bien de la familia.

COMIENZA EL TRABAJO DURO

Primero me fui a Mauritania, a Nuakchot. Yo nunca había tenido un trabajo propiamente dicho. En Senegal, como que estudiaba, solo trabajaba en vacaciones. Casi todos mis amigos eran vendedores ambulantes, y yo, cuando tenía vacaciones o cuando mi madre me daba dinero para que me comprara ropa para las fiestas, guardaba ese dinero y también hacía venta ambulante. Con lo que ganaba, tenía para el transporte y otros gastos.

En Nuakchot, empecé a hacer jornadas de ocho horas en la construcción. Era duro, pero poco a poco le eché ganas. Cuando salí de Senegal, cambió mi mirada respecto al trabajo: cualquier faena me servía porque tenía que sobrevivir. Allí no tenía familia, no tenía a nadie, y lo poco que ganaba me lo gastaba en comer y en pagar un sitio donde vivir.

Después de Nuakchot, me fui a Nuadibú y empecé a trabajar en la pesca. Tenía una vida, digamos, regular, porque trabajaba mucho pero ganaba poco. Tenía lo justo para cubrir mis gastos, pero no me podía permitir hacer otra cosa que no fuera sobrevivir.

Y así estuve trabajando, hasta que un día, el tío que tenía en Francia me dijo: «Si quieres viajar, yo te mando el dinero». Me mandó quinientos euros, y con ese dinero pagué a unos guías para hacer «el viaje».

LA TIERRA DE NADIE

En ese viaje, teníamos que atravesar el desierto del Sáhara Occidental, al que llaman la «Tierra de nadie»; cruzar la frontera de Marruecos para llegar a El Aaiún, y de allí tomar la patera para ir a España.

Estuvimos dos semanas en el desierto. Fue un camino muy duro. Por la noche, dormíamos a la intemperie y no teníamos nada con que taparnos. Recuerdo que, para resguardarnos del viento y el frío, nos arropábamos con la tierra: hacíamos una zanja, enterrábamos la mitad del cuerpo e intentábamos cubrirnos con la arena.

Solo comíamos una vez al día: poníamos arroz en una olla con agua y lo mezclábamos con la carne de cordero que teníamos; lo hervíamos todo y ¡a comer!

El último día de camino, casi a las dos de la madrugada, en plena oscuridad, llegamos a la frontera con Marruecos y la cruzamos. Seguimos caminando. Era un camino muy largo y tan oscuro que no veías adonde ibas. Una hora después de cruzar la frontera, a lo lejos, empezamos a ver luces que venían de todas partes. Nos escondimos para que no nos vieran, pero al final nos encontramos con que todas las luces estaban a nuestro alrededor. ¡Era la policía de Marruecos! Y lo malo es que

nos apuntaban con sus pistolas, ¡y estaban a punto de disparar! Escuchamos cómo las armaban, mientras nos gritaban en francés: «Lever les mains en l'air!». Todos levantamos las manos, con un miedo brutal.

SI HUBIERAN DISPARADO, NOS HABRÍAN MATADO

Yo creo que ninguno de nosotros —éramos dieciocho— había pasado un miedo tan grande en su vida, porque, si en ese momento a los policías se les hubiesen cruzado los cables y nos hubieran disparado, nos habrían matado. Ahora todos estaríamos muertos, y nadie se habría enterado.

Nos dijeron que nos tumbáramos todos en el suelo. Obedecimos y nos ataron con cuerdas, uno al lado del otro. Nos dejaron allí hasta las ocho de la mañana, que era cuando amanecía. Entonces nos esposaron, nos llevaron a la policía y allí nos identificaron.

Recuerdo que nos tiraron una bombona de butano, una olla, leche y arroz para comer. Yo cociné para el grupo. En ese momento, tenía mucho miedo, pero al final ya todo te da igual. Y, al ver que los demás eran más mayores que yo —por aquel entonces yo tenía diecinueve años, y los otros, entre treinta y treinta y cinco—, intentaba animarlos. Así que hice la comida y comimos.

DE REGRESO A LA FRONTERA

Al día siguiente, vinieron a buscarnos y nos llevaron de regreso a la frontera con Mauritania. Nos apuntaron otra vez con las pistolas, como diciéndonos: «Si volvéis por aquí, os vamos a matar a todos. Idos lejos. Caminad hasta morir; no nos vamos a manchar las manos con vosotros».

Empezamos a caminar. Nos habían dejado sin agua, sin comida, sin nada. Tampoco sabíamos el camino, porque el guía que nos había llevado hasta la frontera desapareció cuando encontramos a la policía y no lo volvimos a ver más. Se evaporó.

Por suerte, uno de nosotros recordaba que, estando acampados, había oído el ruido de un tren. Cuando dijo eso, nos dio un poco de esperanza y decidimos que íbamos a intentar buscar el camino por donde habíamos venido, pero no todos estaban de acuerdo. En el grupo había gente que decía: «Si no sabemos adónde vamos, ¡moriremos aquí!». Entonces nos dividimos. De los dieciocho, solo quedamos cinco. Del resto, no sé nada. Solamente he vuelto a ver a uno o dos.

SEGUÍAMOS CAMINANDO

Empezamos a buscar nuestras huellas en la arena para ver si encontrábamos el camino por donde habíamos venido, pero no

lo conseguimos. Cansados de caminar, nos sentamos a descansar y, de repente, escuchamos el ruido del tren. Todos sabíamos de dónde venía el ruido y fuimos en esa dirección. Caminamos hasta llegar a las vías, y luego elegimos una dirección al azar, porque una vía de tren siempre lleva a alguna parte. Caminamos casi dos días, sin agua ni comida. Tuvimos suerte, porque por la noche llovía y podíamos beber el agua que quedaba en los restos de metal que encontrábamos, o abríamos la boca para que nos cayeran directamente las gotas de lluvia.

Estábamos muy cansados, ya no sentíamos ni los pies, pero seguíamos caminando. Estábamos convencidos de que si parábamos ya no nos levantaríamos, moriríamos.

El segundo día, llegamos a una carretera. El camino que habíamos escogido nos había llevado de nuevo a Mauritania. Un coche se paró a nuestro lado y el hombre que conducía nos dijo: «Si queréis, os llevo». Subimos en su coche y... ¡nos entregó a la policía mauritana!

Otra vez nos metieron en la cárcel tres días, también sin comer; como mucho, nos daban algún plátano. Al tercer día, nos llamaron del consulado para la identificación y luego nos dejaron salir.

Yo descansé un par de días y después regresé a Senegal.

EL PESO DEL FRACASO

Cuando llegué a Senegal, le dije a mi madre que no me había ido bien el viaje. Para mí, fue un fracaso, y para mi familia, también. Me lo reprochaban con la mirada. Tuve que vivir con el peso del fracaso y bajo una fuerte presión familiar.

Mi madre era la única persona que me entendía. «Lo más importante es que estás vivo, que te tengo aquí», me decía. Ella entendía mi situación porque era la única persona a quien le había explicado toda la historia. Por eso me decía que, si quería volver a viajar, tenía que intentar conseguir un visado, o viajar de otra forma más segura. Pero el visado era impensable. Conocíamos a mucha gente que lo había pedido y no se lo habían dado.

Me quedé un año en Senegal, intentando encontrar trabajo, pero no conseguí nada. Y, de repente, muchos de los que yo conocía que se habían quedado en Mauritania empezaron a llamarme porque habían conseguido entrar en España en patera. «Oye, el camino ha cambiado. ¿Por qué no vuelves a intentarlo? Nosotros ya estamos allí», me decían.

Volví a pensar en cómo hacerlo, porque la situación en Senegal aún estaba peor y no me podía quedar. Además, durante ese año, ya había digerido todo lo sufrido. Yo no hubiera podido retomar el camino enseguida; hubiera sido imposible, ya que había estado a punto de morir.

UN SEGUNDO VIAJE

Así que me fui otra vez a Mauritania, a Nuadibú, pero iba mejor informado que la primera vez. Cuando llegué allí, ya conocía a alguna gente, tenía contactos, y eso me permitió poder viajar hasta El Aaiún con un medio de transporte. Encontré a una persona que organizaba los viajes en patera y empecé a hacerle de traductor; yo hablaba varias lenguas y eso me daba muchas facilidades. Un día, me propuso que, a cambio de esa ayuda, no me cobraría el viaje. Acepté el trato de quedarme a trabajar con él hasta embarcar en el segundo viaje programado.

Sin embargo, en el primer viaje, hubo peleas al embarcar porque quería subir más gente de la que cabía. Yo subí a bordo para ayudar y, en ese momento, el capitán soltó amarras y me quedé dentro. Así, sin esperarlo, empecé el viaje.

El trayecto duraba cinco días. Al principio, todos iban preparados. Cada uno llevaba un poco de agua, arroz, galletas y gasolina. Éramos cuarenta personas. Cabíamos justito, pero bien: había suficiente espacio para sentarte y para moverte o ponerte de pie. Cuarenta, estaba bien, y por eso surgió la pelea, para impedir que subiera más gente, porque el capitán que conducía la barca decía que era muy arriesgado.

QUEDAMOS A LA DERIVA

El cuarto día quedamos a la deriva sin poder hacer nada; sin comida, ni agua, ni gasolina. Habíamos perdido la dirección y todos querían volver a Marruecos, pero ¡yo no!

Y, de repente, vimos el helicóptero de Salvamento. Nos descubrieron y dieron la señal de alarma. Vino el barco de Salvamento Marítimo, nos recogieron y nos llevaron a tierra, a Las Palmas. Cuando llegamos, nos volvieron a hacer lo mismo que en Mauritania: nos llevaron otra vez a la policía. Estuvimos tres días detenidos

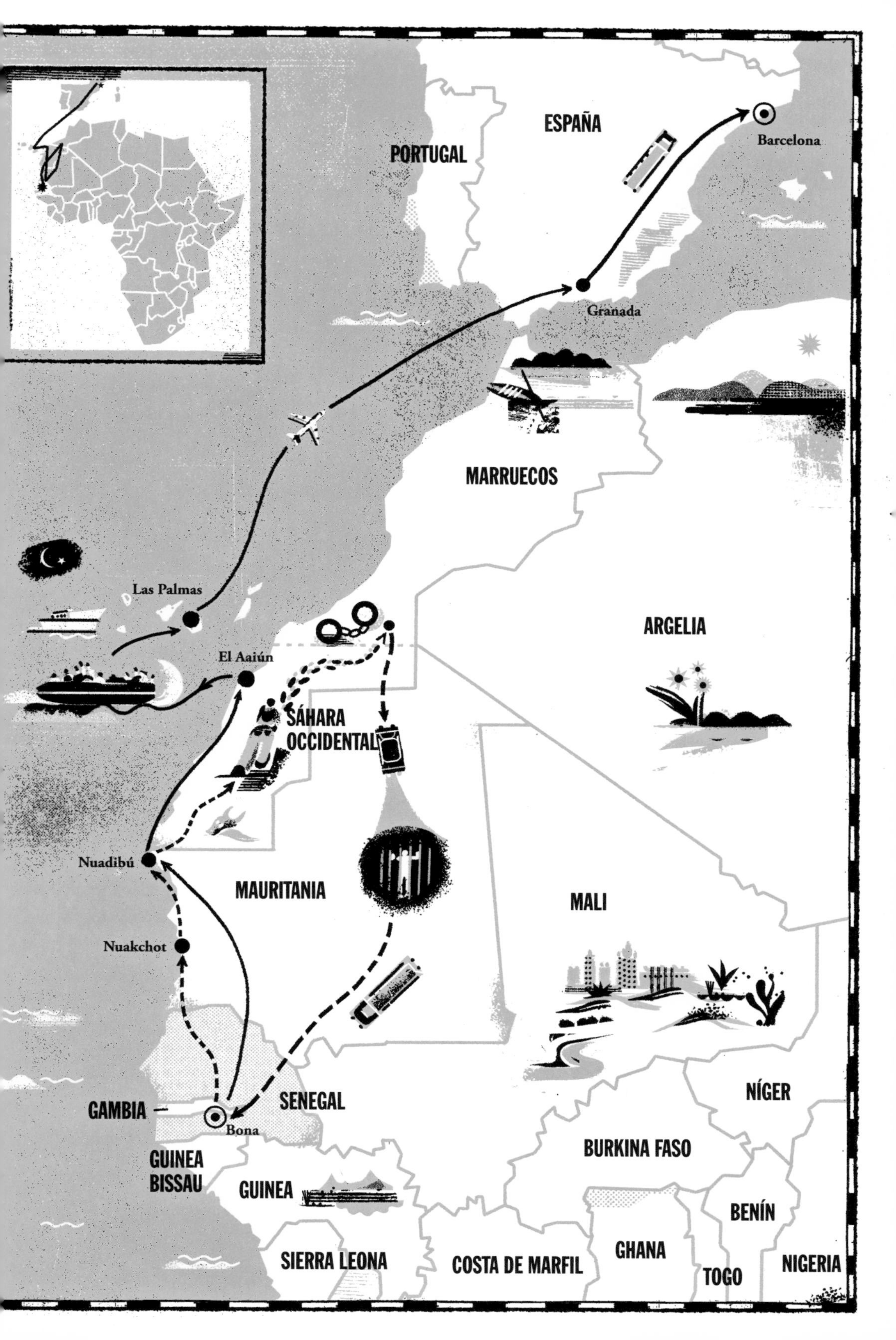
ESPAÑA
PORTUGAL
Barcelona
Granada
MARRUECOS
ARGELIA
Las Palmas
El Aaiún
SÁHARA OCCIDENTAL
Nuadibú
MAURITANIA
MALI
Nuakchot
GAMBIA
Bona
SENEGAL
NÍGER
BURKINA FASO
GUINEA BISSAU
GUINEA
BENÍN
SIERRA LEONA
COSTA DE MARFIL
GHANA
TOGO
NIGERIA

y luego nos condujeron a un Centro de Internamiento para Extranjeros (CIE).

Pasamos veinticinco días allí y luego nos liberaron. Nos preguntaron si conocíamos a alguién en España. En ese momento, yo conocía a una persona que vivía en Granada, y me pagaron el pasaje hasta allí.

Recuerdo que en esa época, en 2006, hubo el *boom* de las pateras; llegaba mucha gente. El presidente Zapatero vino a visitar nuestro centro, y al día siguiente liberaron a muchas personas.

EN EL MUNDO DE LOS BLANCOS

Al llegar a Granada, sentí una gran libertad, porque, cuando entras en contacto con el mundo de los blancos, te das cuenta de que ya has cumplido tu sueño. Y, aunque vulneren tus derechos, en ese momento a ti no te importa, porque ves que ya has logrado el objetivo y que tu familia estará orgullosa de ti.

Luego te das cuenta de que te quedan muchas cosas por solucionar. Descubres lo peor de tu situación. Supe lo que es no tener «papeles», ya que empecé a buscar trabajo y no podía conseguirlo porque no los tenía. No puedes hacer nada, ni siquiera conducir, cuando estás en esa situación. Y te dicen que tienes que estar así tres años hasta conseguir tu autorización de residencia. En ese momento, te planteas volver a tu país, porque ¡son tres años los que tienes que esperar! Pero luego reflexionas: «Con lo que me ha costado entrar, si vuelvo, tampoco voy a conseguir un visado y voy a perder todas las oportunidades que hay aquí». Sabes lo que se gana aquí, y no quieres renunciar a ello. Y te quedas.

Trabajé en la construcción, sin papeles, pero a veces no me pagaban y se aprovechaban de mí. Estuve dos años en esa situación, hasta que vine a Barcelona. Cuando llegué, hice de todo para buscarme la vida; incluso llegué a utilizar papeles de otra gente para trabajar, y también hice de figurante en un teatro experimental. Empecé a formarme al máximo, y finalmente conseguí mi tarjeta de residencia.

PROYECTOS PROPIOS

Cáritas me ayudó mucho. Me pagó un piso durante casi un año y pude formarme como cocinero. Esto me ha ayudado a ser lo que soy. Gracias a esa formación, pude entrar en el mercado laboral y, para mejorar en mi trabajo, me seguí formando en gestión de restauración.

Y después empecé a pensar en proyectos propios. Creé una asociación para poder ser útil a mi país: la Asociación Dunia Kato. Después, por casualidad, en el camino me crucé con Open Arms y empezamos a trabajar conjuntamente en un proyecto en Senegal llamado «Origen».

Con el objetivo de cubrir las necesidades de la Asociación Dunia Kato, hemos creado una empresa que cuenta con un restaurante de comida senegalesa, un *catering*, un *food truck* y otras cosas para poder desarrollar tranquilamente los proyectos de la asociación.

LOS VISADOS EVITARÍAN MUERTES

Con estos proyectos, queremos sensibilizar sobre el tema migratorio, para que la gente de Senegal tenga la información necesaria, sepa lo que representa emigrar y cómo son las cosas aquí.

Defendemos el derecho a emigrar. Pero ¿por qué los ciudadanos que disponen de recursos económicos tienen derecho a emigrar y los ciudadanos que son pobres, no? ¿Por qué un país ha de tener más privilegios que otro? Si tú tienes derecho a venir a mi país, yo también debería tener derecho a venir al tuyo, ¿no? La solución es muy fácil: si no quieren que la gente muera, que faciliten el visado a todo el mundo. Si hay visados, ya verán como nadie morirá; ningún senegalés morirá, porque, si tienes una autorización para viajar, no pagarás a una mafia para venir a España. Así nos ahorraremos miles de muertes y ya no acabaremos enterrados en la profunda fosa del Mediterráneo o en el desierto.

Cuando estaba en Mauritania, descubrí que las autoridades están conchabadas con las mafias. Son estas las que reciben buena parte de lo que se recauda de los emigrantes para organizar los viajes. Yo he ido a la oficina del director del puerto y le he pagado un montón de dinero para viajar, ¡y ese señor está trabajando en el gobierno!

Estoy contento de estar aquí porque, como cualquier español, he podido escoger el país donde quería vivir. Pero lo que no me gusta es que he tenido que superar un montón de riesgos para viajar.

Si tuviera que volver a hacerlo, seguro que lo haría, pero reduciendo los riesgos.

¡SOY INOCENTE!

NACE EN COCHABAMBA (BOLIVIA) EN EL AÑO 1982.
LLEGA A MADRID (ESPAÑA) EN 2003.

Llego tarde al Centro Penitenciario de Mujeres de Wad-Ras, en Barcelona, donde he quedado con Helena. Ella me espera en la puerta de entrada. Ha acabado su jornada en la cafetería de la cárcel y, como tiene un régimen penitenciario abierto, se puede ir a casa.

Le quedan ya pocos meses para cumplir su condena y quedar en libertad, por eso tiene muchas ganas de contar su historia, y lo hace sin rodeos. Es su manera de liberarse del peso que arrastra desde hace tanto tiempo y de reafirmarse en su inocencia.

Helena no tuvo problemas para emigrar, aunque sí los tuvo como inmigrante en su país de destino. Buscaba la libertad y, sin darse cuenta, se encontró totalmente privada de esta.

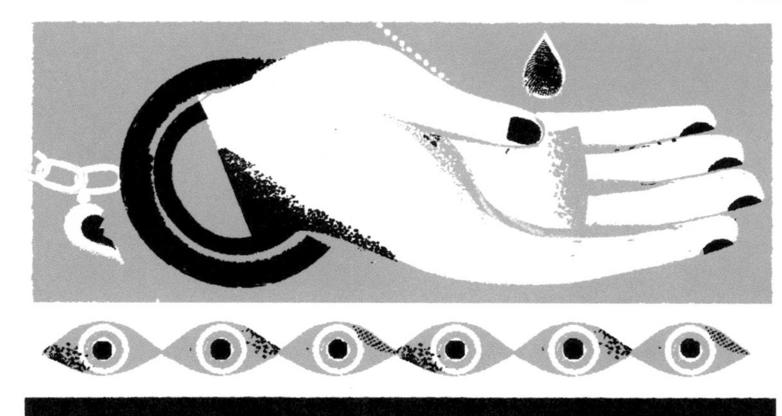

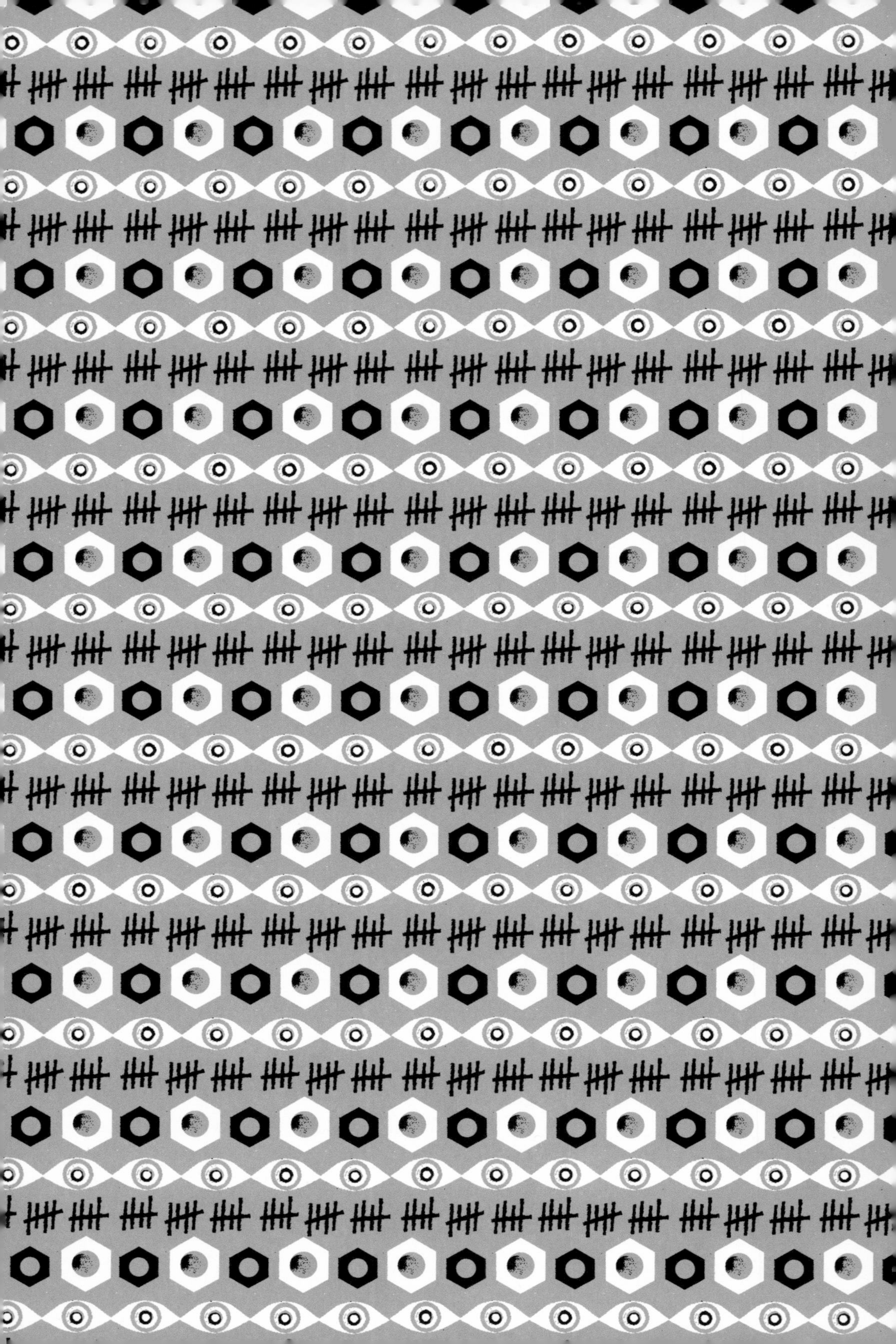

ES EXTRAÑO VERME EN ESTA SITUACIÓN

Vengo de una familia de clase media-alta. Siempre he tenido un entorno familiar muy estructurado: papá, mamá y dos hermanos más pequeños que yo. Somos una familia muy tradicional, con valores. Me han dado una excelente educación. A los dieciocho años entré en la universidad. Estudié cuatro años de Ingeniería Comercial. Mientras estudiaba, mi papá me montó una ferretería. En mi tiempo libre, iba a la ferretería y, cuando no podía, teníamos un empleado.

Es extraño verme en esta situación, porque la gente piensa que las personas que están en la cárcel tienen un perfil determinado, pero muchas veces hay perfiles que no encajan y, sin embargo, están aquí.

MI IDEAL ERA VIVIR SOLA

Yo era una niña muy consentida. Era la mayor y la única mujer, y toda mi familia me mimaba mucho. Cuando me hice mayor, empezaron los problemas, porque yo quería salir con mis amigos y mi mamá no me dejaba; mi papá, sí, confiaba más en mí, pero mi mamá, no, y era una pelea constante. Esperaba cumplir los dieciocho años para irme de casa.

Mi ideal era vivir sola, independiente de mis padres. Tampoco quería marido ni niños. Tenía novio desde hacía unos años. Él quería ir a trabajar a Europa, y me insistía mucho en que quería casarse y tener hijos. Yo le dije que se marchara y que me reuniría con él más adelante, pero era una mentira para acabar con la relación.

Cuando mi novio se fue y me quedé sola, decidí irme de casa y viajar. Me faltaba un año para terminar la carrera. Cuando se lo dije a mi papá, se puso a llorar. Me dijo que terminara la carrera para que por lo menos pudiera defenderme en la vida. Pero yo ya no podía más y le dije: «Quiero probar mi libertad, mi responsabilidad y ver en qué puedo trabajar. Ya sé que no será fácil, pero lo quiero intentar y, si me va mal, yo sé que siempre voy a tener las puertas abiertas de casa».

PAGUÉ EL BILLETE CON MIS AHORROS

Escogí venir a España porque era más factible, por el idioma y porque la mayoría de mis amistades estaban aquí, y también una prima y una tía.

Pagué el billete con mis ahorros y me fui a Madrid y, más tarde, a Granada. Estuve un tiempo allí, trabajando en el campo, pero no me gustaba.

Luego me trasladé a Barcelona porque era más fácil encontrar trabajo. Cuando llegué, lo pasé un poco mal económicamente, pero, por orgullo, no quise pedirles plata a mis papás.

Estuve sola muchos años, trabajando y viajando, y me encantaba esa vida de libertad.

CON EL TIEMPO, LAS COSAS FUERON CAMBIANDO

A los veintiocho años tuve un hijo y formé una pareja estable con su padre, hasta que, cinco años después, me dejó por otra mujer. Mi hijo sufrió mucho; se pasaba las noches preguntando por su padre y llorando. Yo tuve una depresión. Quería volver con mis papás, pero no podía viajar con el niño sin el permiso paterno. Y lo demandé, porque, a partir del momento en que descubrí su infidelidad, él no volvió a aparecer; fue prácticamente como si abandonase el hogar. Finalmente, me dieron la guarda y custodia de mi hijo.

Estuve sin pareja un par de años y luego apareció otro chico. Lo conocí en una fiesta y todo fue muy rápido. Después de tres meses de relación, se vino a vivir conmigo. Estuvimos juntos un año y medio. Empezamos a trabajar en un negocio de coches. Estábamos muy bien, y también se llevaba bien con mi hijo. Pero, con el tiempo, las cosas fueron cambiando. Le empecé a perder la confianza.

ME SENTÍA MUY MALTRATADA

Ahora que tengo mucho tiempo para pensar, me doy cuenta de que esa persona me maltrató emocionalmente. Me hizo sufrir mucho y siempre me hacía sentir culpable, pero en ese momento yo no era consciente de ello. Aguantaba porque no quería tener otro fracaso. No quería que mi hijo volviera a sufrir por sentirse abandonado.

Él trabajaba mucho, pero yo jamás imaginé que se dedicara a otra cosa, aparte de los coches. Por lo visto, hacía negocios con el tráfico de cocaína. Nunca vi que trajera nada a casa ni que manejara tanto dinero. Lo descubrí más tarde, cuando en el aeropuerto de Finlandia cogieron a dos chicas que llevaban cocaína. Cuando las atrapó la policía, declararon que mi pareja era quien las había enviado, que él era el jefe de los traficantes, y que yo también había colaborado.

¡AL CALABOZO!

La policía vino a buscarlo a mi casa. Me preguntaron si yo era Helena y si conocía a mi pareja, porque lo estaban buscando. Yo les dije la verdad, que él no estaba y que en toda la noche no había aparecido, que lo había estado llamando y no me había cogido el teléfono. Yo me imaginé

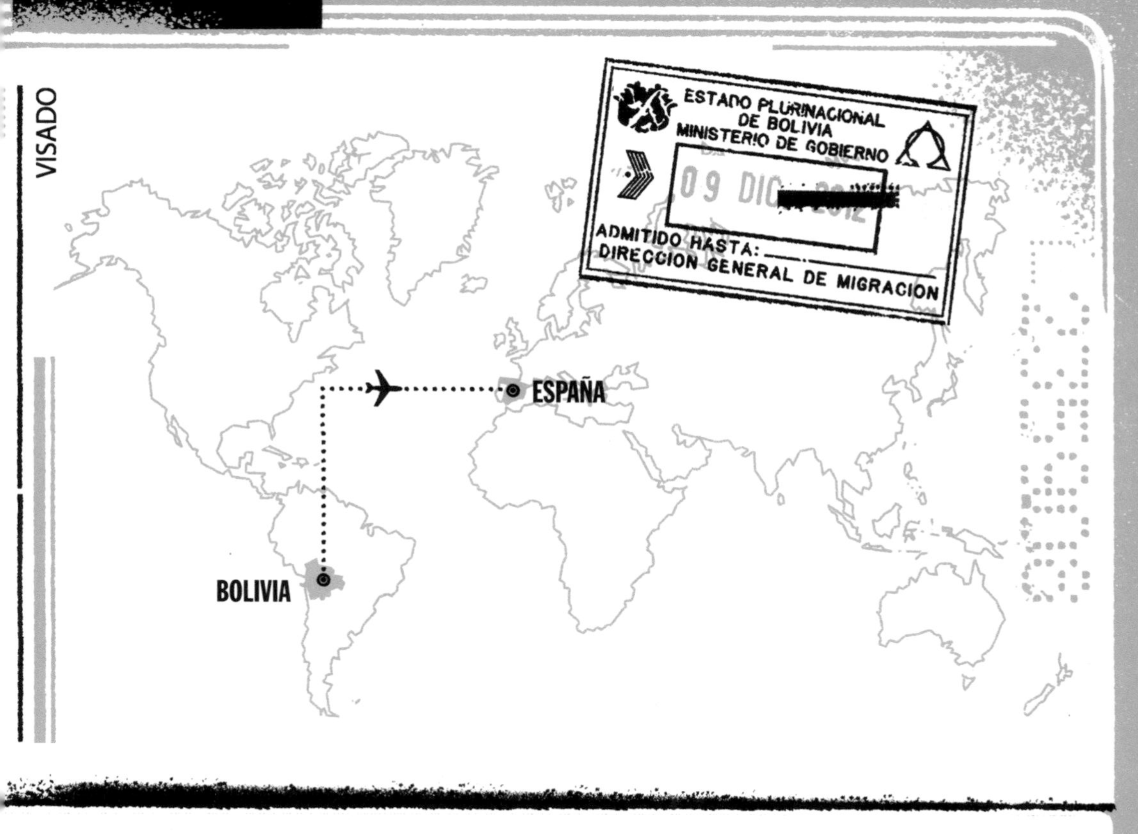
VISADO
ESTADO PLURINACIONAL
DE BOLIVIA
MINISTERIO DE GOBIERNO
09 DIC
ADMITIDO HASTA:
DIRECCION GENERAL DE MIGRACION
ESPAÑA
BOLIVIA

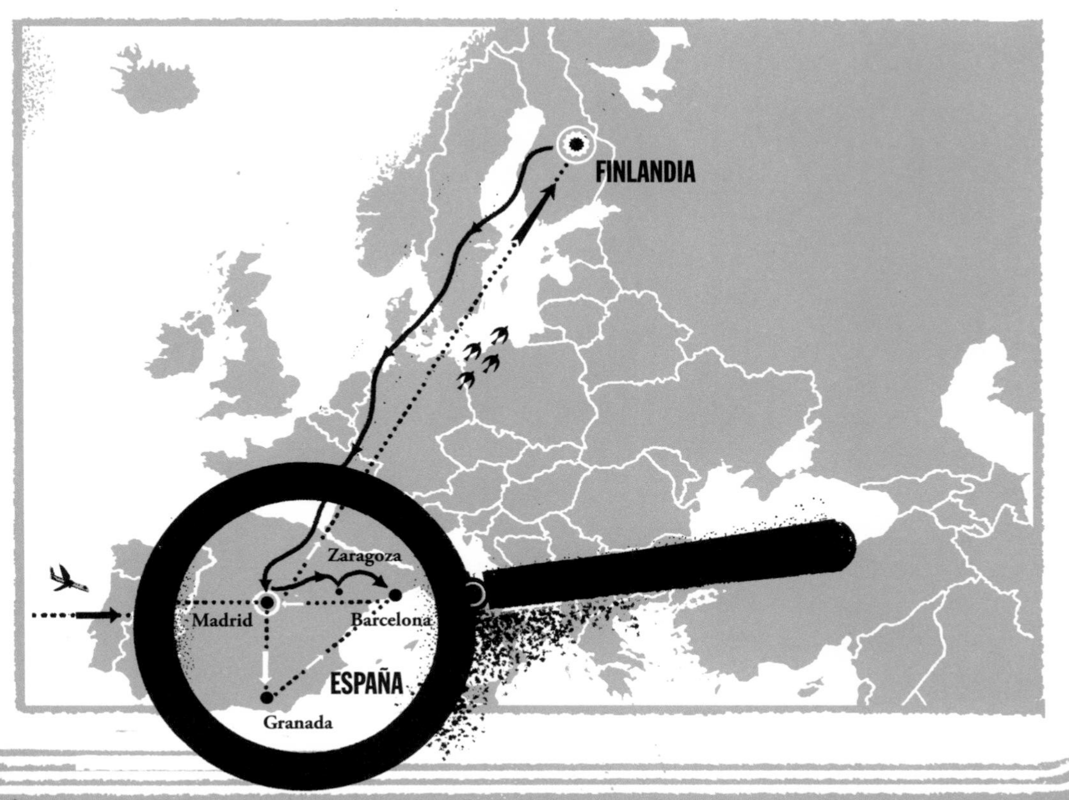
FINLANDIA
Zaragoza
Madrid
Barcelona
ESPAÑA
Granada

que lo buscaban por algún problema relacionado con los coches.

Me dijeron si los podía acompañar a la comisaría para hacer una declaración. Les pregunté si tardaría mucho, porque tenía que ir a buscar al niño al colegio y no tenía quien lo recogiera. Me dijeron que sería solo un momento y salí con ellos.

Entré en la comisaría tan tranquila. Me preguntaron mi relación con Finlandia y yo ¡ni sabía dónde estaba! Pensaba que Finlandia era un país asiático, como Tailandia; no me sonaba ni el nombre. Además, yo no podía viajar a ningún lugar porque todavía no tenía pasaporte español, solo boliviano.

Me dijeron que me tomarían declaración y que me podría ir, pero ¡qué va! Me tomaron las huellas digitales, me hicieron la foto y... ¡al calabozo!

Estuve en el calabozo dos o tres días, incomunicada. ¡Fue horrible! El niño, por suerte, lo recogió mi hermano.

EMPEZÓ UN LARGO VIAJE

Me llevaron a Madrid en una furgoneta de la policía. Era verano y hacía mucho calor, ¡y no pararon ni para darnos un vaso de agua!

Llegamos a Madrid y estuve un par de noches en el calabozo; luego me llevaron a la cárcel de Soto del Real. Allí vino a verme un abogado y me dijo que había una demanda contra mí por parte de Finlandia, porque «supuestamente» había participado en algo ilícito. Me preguntó si tenía alguna relación con ese país y yo le respondí que no. Me dijo que seguramente

no me pasaría nada, o que, como mucho, me podía caer una condena de dos años, por colaborar o ser la pareja de alguien que había participado activamente en el delito, pero que había que ver las pruebas.

El abogado me tranquilizó y me dijo que me presentase a la justicia finlandesa, ya que, si no había pruebas contra mí, me traerían de vuelta a España.

AÚN NO TENÍA LA NACIONALIDAD ESPAÑOLA

El problema era que mi NIE (Número de Identidad de Extranjero) estaba a punto de caducar, y, si vencía estando fuera de España, como aún no tenía la nacionalidad, me enviarían a Bolivia y no me dejarían volver aquí. Entonces el abogado

habló con el juez para explicarle que era madre soltera, que tenía un hijo a mi cargo, de nacionalidad española, un trabajo y un piso. El juez redactó un auto judicial en el que solicitaba a la justicia finlandesa que, después del juicio, fuera cual fuera el veredicto, me devolvieran a España. Y con eso me fui para allá.

Cuando llegué a Finlandia, no entendía nada de lo que hablaban. Me tomaron las huellas y me llevaron a un calabozo, incomunicada. No sé ni cuánto tiempo estuve allí. No sabía si era de día o de noche, y no podía llamar a nadie. No sabía nada de mi hijo. Y aún pensaba que el tipo aquel que había sido mi pareja estaría como loco buscándome y tratando con abogados para rescatarme. Pero no era así. Cuando me detuvo la policía, él se dio a la fuga; se lavó las manos y se llevó todo lo que pudo del negocio de coches, todo lo que yo había invertido con él. Y a mi hermano y a mi hijo no les dejó tocar nada; los dejó tirados. Desde ese momento, desapareció; consiguió otro pasaporte y se fue.

LLORABA DÍA Y NOCHE

Estuve incomunicada. Lloraba día y noche. Fue horrible. No sé cuántos días estuve allí, pero se me hizo muy largo. Había una radio, pero no entendía nada. Nunca había sentido lo que sentí en aquel lugar. Es indescriptible.

Cuando pude encontrar un traductor, pedí que viniera un abogado. Este vino a verme y le dije que no me parecía legal que tuvieran a una mujer encerrada en aquellas condiciones, sin luz y sin agua. No me podía duchar, no podía comprar nada porque no tenía dinero, no podía hablar con nadie. Le dije que pidiera que me trasladaran a una cárcel de mujeres.

El abogado reclamó, pero el problema era que en Finlandia la tasa de reclusión es muy baja y hay pocas cárceles de mujeres, y a la que me correspondía ir no me podían llevar porque allí estaban presas las dos mujeres que me habían denunciado. Entonces me dijo que me llevarían a otra de régimen cerrado, de más seguridad.

A los dos días me trasladaron.

NO ENTENDÍA EL IDIOMA

En la cárcel, todo eran cristales y había vigilancia con cámaras. Los apartamentos tenían cinco celdas, tres individuales y dos dobles. Las individuales eran para gente conflictiva.

Al lado de las celdas, había una cocina americana con su comedor. Allí nos daban la comida, pero, si no te gustaba y tenías dinero, podías comprar alimentos y hacerte la comida. Todas teníamos nuestra nevera personal, numerada, y las taquillas para guardar las provisiones. En las celdas todo estaba nuevo. Había un televisor y un ordenador.

Al menos tenía una cama y una tele, que me hizo mucha compañía porque tenía el canal internacional 24 h en castellano. También disponía de ducha y podía salir un rato al comedor, pero no podía hablar con nadie, ni pedir nada, ni comprar nada, porque no tenía dinero ni entendía el idioma.

Las chicas que conocí eran amables e intentaban hablar conmigo; una de ellas me consiguió un diccionario español-finlandés. Así, poco a poco, cuando necesitaba algo, podía pedirlo.

ME QUERÍAN DEPORTAR A BOLIVIA

A los cuatro meses se celebró el juicio. Como el culpable se había dado a la fuga, las mujeres que lo acusaban cambiaron la declaración, pensando que eso las iba a favorecer en su sentencia. En vez de acusarlo a él, dijeron que era yo quien les había dado la droga, pero no tenían ninguna prueba.

Me condenaron a cuatro años y cuatro meses. Apelé y fuimos a un segundo juicio. Ellas dijeron entonces que no se acordaban de nada, pero eso no rebajó su pena, ni tampoco la mía.

Lo que se hace en estos casos es que cumples la mitad de la condena en el país donde has cometido el delito y luego te devuelven al país de donde tienes el pasaporte. En mi caso, mi documento español estaba vencido y solo tenía el pasaporte boliviano, y, a pesar del auto judicial que había hecho el juez español, me querían deportar a Bolivia, pero no lo hicieron. Durante todo ese tiempo había aprendido el inglés básico y podía defenderme.

Pedí que me trasladaran a una cárcel abierta porque allí podría trabajar y ganar algún dinero para enviárselo a mi hijo. Me trasladaron cuando faltaban unos seis meses para cumplir la mitad de la condena. Era como un pequeño pueblo, con una docena de casas y una casa principal, donde estaba la directora y el equipo técnico.

Las casas estaban esparcidas por el bosque. Había un lago, un circuito para andar, un gimnasio y talleres, y podíamos trabajar. Cobraba mil euros por seis horas de trabajo. Hacíamos mantenimiento y limpieza en los parques públicos.

EN SEPTIEMBRE ESTARÉ LIBRE

A los dos años y dos meses, cuando cumplí la mitad de la condena, mi abogado consiguió que me devolvieran aquí. Tenía que estar en régimen abierto, pero entré en un régimen cerrado, así que estuve seis meses encerrada en la cárcel de Madrid sin poder salir. Pedí el traslado. Primero me mandaron a Zaragoza, tres meses, y luego a Barcelona, a Brians.

En total, estuve un año más sin poder ver a mi hijo, porque yo no quería que él me visitara.

Desde Brians peleé para que me trajeran a Wad-Ras, en régimen abierto. Y aquí estoy. Cuando por fin pude ver a mi hijo, me miraba como a una desconocida, no me quería abrazar y estaba más pendiente de lo que le decía mi hermano que de mí. Pero después, poco a poco, hemos ido recuperando la relación.

Trabajo en la cafetería. Llevo aquí desde agosto del año pasado. En septiembre estaré libre. Habré cumplido los cuatro años y cuatro meses.

HABRÁ SIDO TODA UNA EXPERIENCIA

Cumpliré la condena hasta el final, pero habrá sido toda una experiencia. Tengo claro que de todo eso tengo que sacar las cosas buenas que he aprendido. He conocido gente que realmente me ha ayudado mucho, personas de buen corazón. En Finlandia me sentí muy bien acogida por las mujeres de la cárcel, porque compartían su comida conmigo e intentaban entenderme.

Llevo casi veinte años en España y me gusta. Estoy muy contenta de haber venido. Cuando salga, en septiembre, tengo una oferta laboral muy buena en una cafetería, mejor que la que tengo ahora aquí en la cárcel.

Me gustaría reunirme con mi familia, y más ahora que mi hermano pequeño tuvo un accidente de moto muy grave y está en coma. Los médicos lo han desahuciado y mis padres lo tienen en casa, con cuidados las veinticuatro horas. Allí, el sistema sanitario es muy caro. Aquí es mejor. También los trabajos y los salarios son mejores. Me sabe mal no haber intentado convencer antes a mis padres de que se vinieran aquí. ////

SAID BILAL

CON LA GUERRA TODO CAMBIÓ

NACE EN AFRIN (SIRIA) EN EL AÑO 1994.
LLEGA A LESBOS (GRECIA) EN 2016.

Con Said conversamos en un despacho tranquilo de la Fundación Migra Studium, en el barrio del Raval barcelonés. Es un refugiado sirio que huyó de su país a causa de la guerra. Me habla poco de su dolor. Es tan profundo que le cuesta expresarlo, y pasa por encima de él de puntillas, para no sentirlo de nuevo. Aún le abruma, me confiesa, sobre todo ahora que está más tranquilo.

Acabada la conversación, de camino al metro, me explica los valores del pueblo kurdo al que él pertenece, y se le iluminan los ojos. Formar parte de esa etnia, a la que se está exterminando, le impide volver a su país para ver a su familia. La cara y la cruz de una dura realidad.

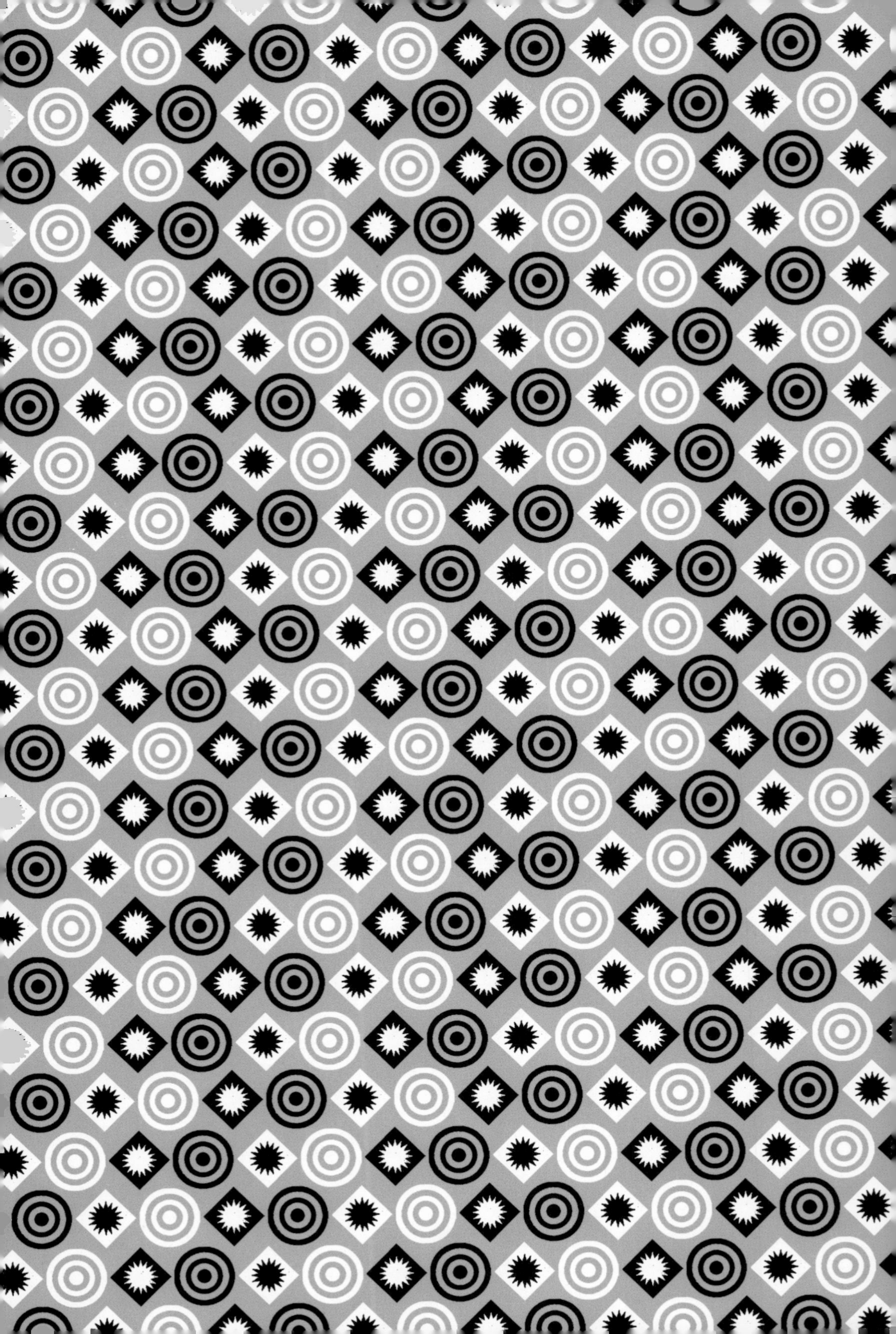

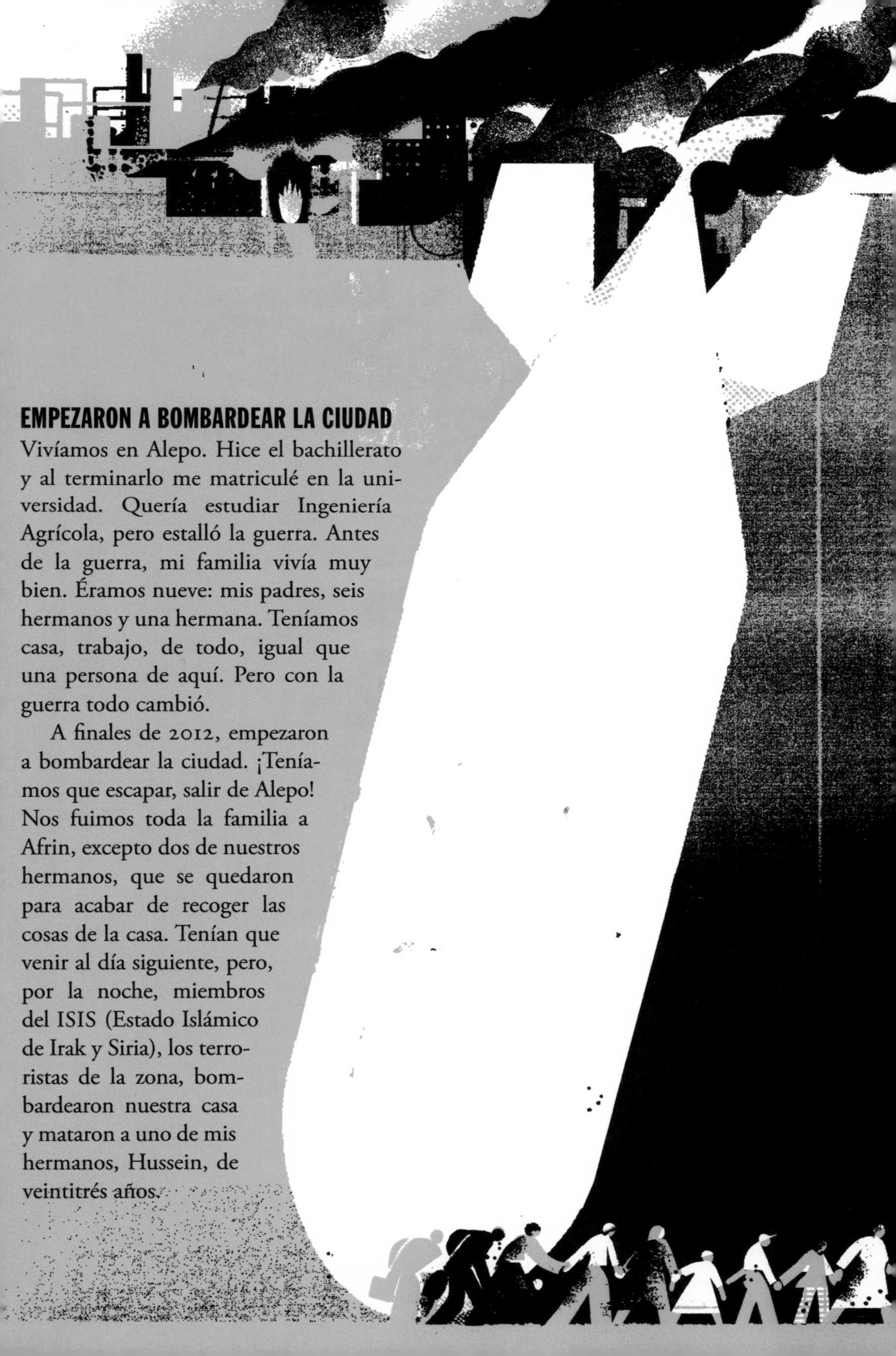

EMPEZARON A BOMBARDEAR LA CIUDAD

Vivíamos en Alepo. Hice el bachillerato y al terminarlo me matriculé en la universidad. Quería estudiar Ingeniería Agrícola, pero estalló la guerra. Antes de la guerra, mi familia vivía muy bien. Éramos nueve: mis padres, seis hermanos y una hermana. Teníamos casa, trabajo, de todo, igual que una persona de aquí. Pero con la guerra todo cambió.

A finales de 2012, empezaron a bombardear la ciudad. ¡Teníamos que escapar, salir de Alepo! Nos fuimos toda la familia a Afrin, excepto dos de nuestros hermanos, que se quedaron para acabar de recoger las cosas de la casa. Tenían que venir al día siguiente, pero, por la noche, miembros del ISIS (Estado Islámico de Irak y Siria), los terroristas de la zona, bombardearon nuestra casa y mataron a uno de mis hermanos, Hussein, de veintitrés años.

ALLÍ NO SE PODÍA VIVIR

Estuvimos un año en Afrin, pero allí no había nada que hacer, ni estudiar, ni universidad, ni trabajo. Cuando hay guerra, no puedes hacer nada.

En Afrin no se podía vivir. Era imposible. Éramos muchas personas en la familia. Teníamos campos de olivos, almendros y un huerto pequeño, y hacíamos trabajos de construcción, pero no nos daba lo suficiente para vivir.

Teníamos que salir de allí porque había muchas posibilidades de ataques terroristas y también de que te alistaran en el ejército. Yo tenía dieciocho años, estaba en edad militar y me podían reclutar. Tenía que irme a Turquía.

NOS MARCHAMOS LOS CINCO HERMANOS

Una noche, mi hermano Kahraman y yo nos preparamos para partir. En principio, teníamos que viajar solos, pero, cuando llegó el chico que nos tenía que llevar por la montaña hasta la frontera, hablamos con mis otros hermanos: «Hay mucho peligro. ¿Qué vais a hacer aquí?».

Y mi padre nos dijo: «¡Marchaos todos!», porque tenía miedo de que nos reclutaran. Y al final nos marchamos los cinco hermanos. Todos menos mi hermana, porque era menor de edad, y también porque es muy complicado cruzar la frontera por la noche. Es muy peligroso; puedes perder la vida.

Nos fuimos con cinco o seis personas más. Salimos a las dos de la madrugada. Tuvimos que cruzar el río Karasu, que es muy caudaloso. Íbamos con el agua hasta la cintura, de noche, sin ninguna luz, sin luna, cogidos todos del brazo para aguantar la corriente. Había mucho barro. Llegué sin uno de mis zapatos. Lo perdí por el camino.

Llevábamos una mochila pequeña para cambiarnos la ropa mojada, para que no se descubriera que habíamos cruzado el río. Había mucha vigilancia de la policía turca. Llegamos a las seis a un pueblo de Turquía llamado Kirikhan y cogimos un autobús hacia Estambul.

PASÉ TRES AÑOS TRABAJANDO

A lo largo del camino, los hermanos nos fuimos separando. Yo me quedé con Kahraman. Cuando llegamos a Estambul, fuimos a la casa de otro hermano que había llegado antes que nosotros. Vivimos con él un par de meses, y después yo empecé a buscar trabajo.

Trabajé en la construcción, sin saber ni una palabra de turco. También en una fábrica de zapatos y en el textil. Allí había trabajo, pero te pagaban seiscientos euros, y sin seguro. Pasé tres años trabajando, y conseguí ahorrar un poco de dinero para cruzar el mar en patera hasta Grecia.

Me fui de nuevo con Kahraman. Los otros dos hermanos se quedaron en Turquía porque estaban casados y tenían hijos. Es arriesgado cruzar el mar con niños; aun así, hay mucha gente que se embarca en patera hacia Europa para buscar una vida mejor. La vida también es difícil en Turquía.

DE TURQUÍA A GRECIA EN PATERA

Fuimos en patera, con cuarenta personas más, desde Esmirna, en Turquía, hasta Mitilene, en la isla griega de Lesbos; y de allí, al campo de refugiados de Moria. Allí nos identificaron, nos tomaron las huellas dactilares y nos dieron una tarjeta para poder movernos libremente por Grecia.

Nos instalamos fuera del campo de refugiados porque no había sitio dentro. Dormíamos en una tienda de campaña pequeña que no estaba preparada para el frío. Estábamos en marzo y hubo unas tormentas muy fuertes. Llovía toda la noche, y el agua pasaba por en medio de la tienda.

Después de unos días, nos fuimos a Atenas. Allí, nos quedamos dos días en el puerto y conseguimos un billete para ir hasta Salónica, al norte. Cuando llegamos, fuimos hasta la frontera con Macedonia, pero estaba cerrada y no pudimos cruzar.

EL CAMPO DE REFUGIADOS

De la frontera, nos fuimos al campo de refugiados de Cherso.

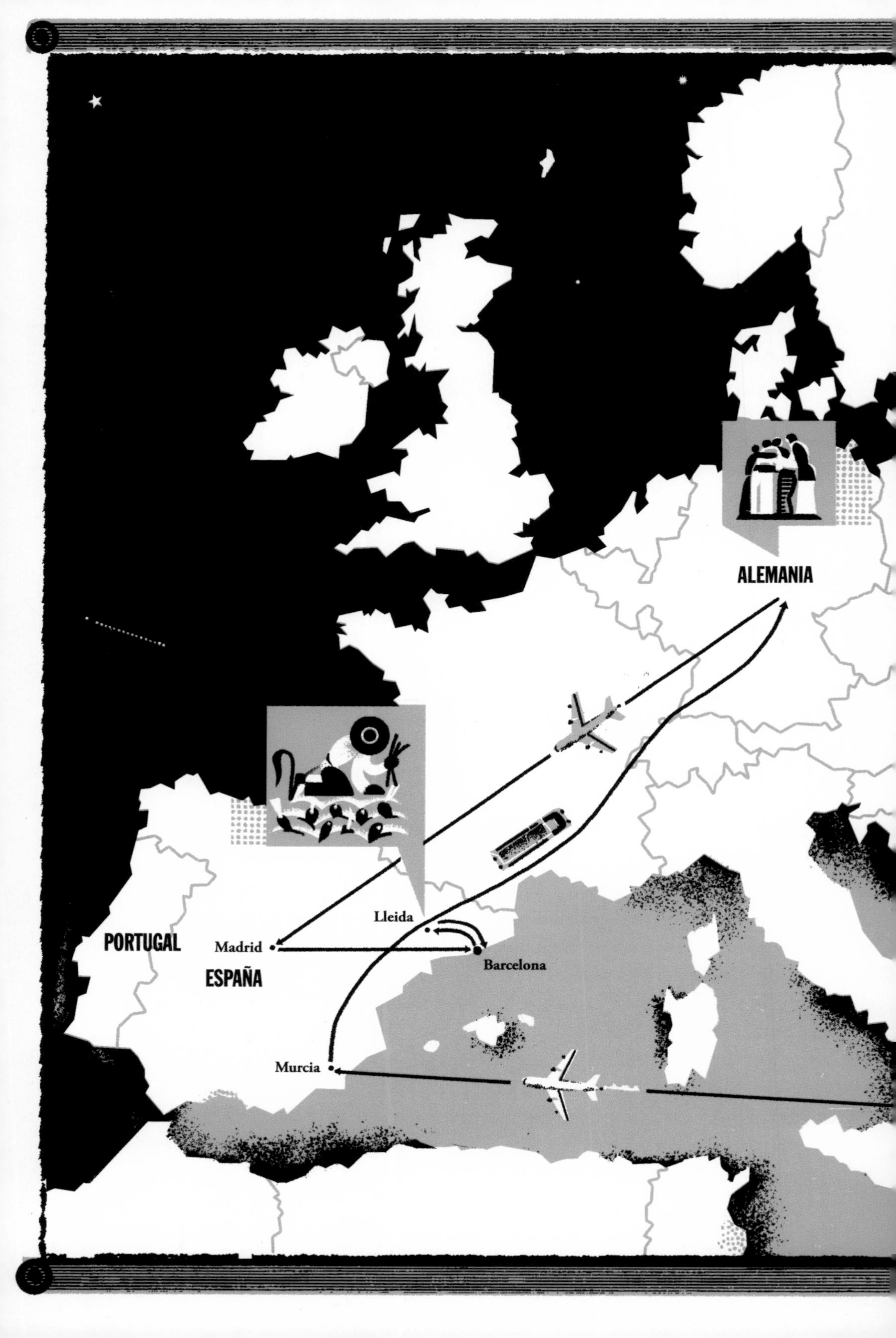
ALEMANIA
Lleida
PORTUGAL
Madrid
Barcelona
ESPAÑA
Murcia

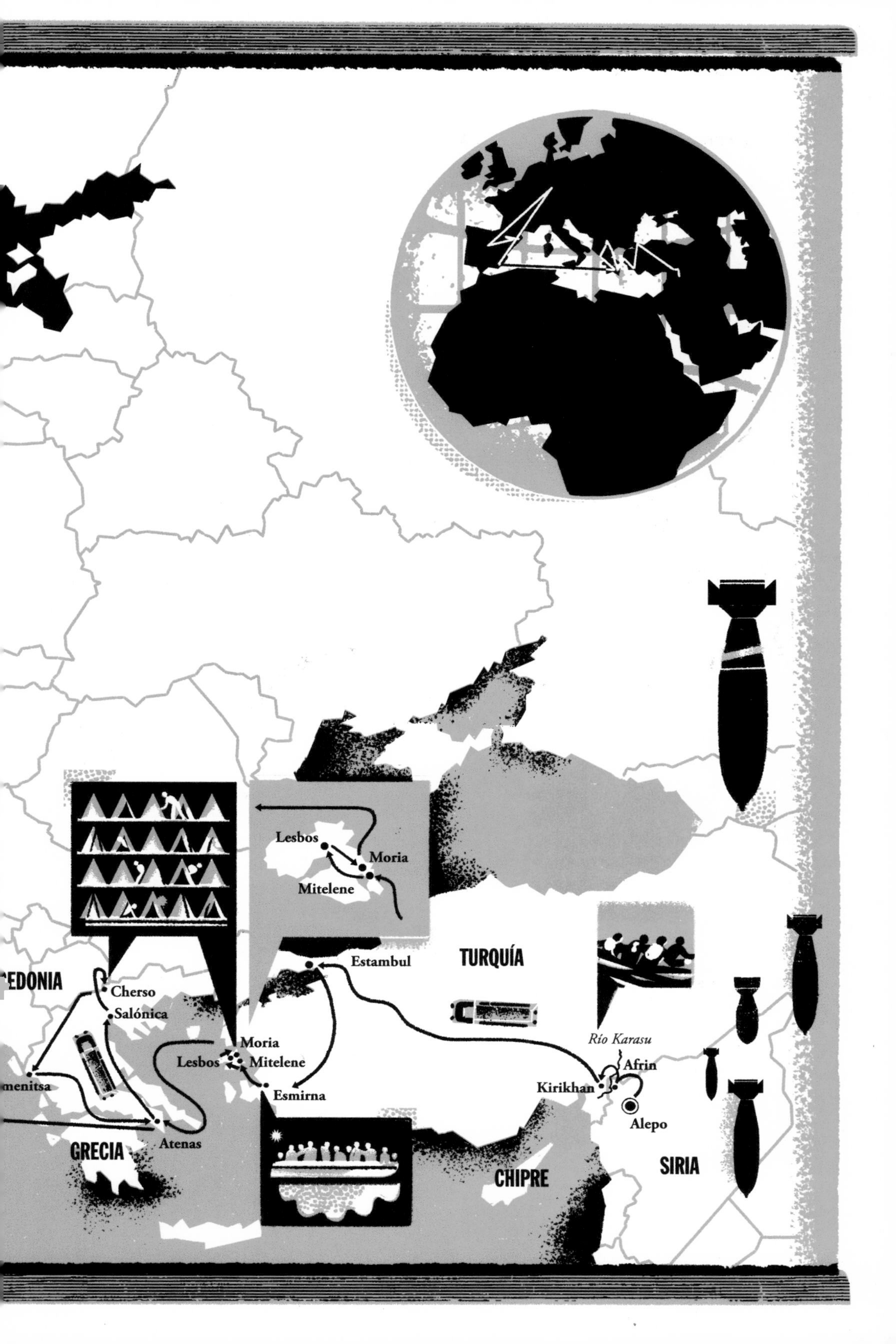
Lesbos
Moria
Mitelene
Estambul
TURQUÍA
EDONIA
Cherso
Salónica
Río Karasu
Moria
Lesbos
Mitelene
Afrin
menitsa
Kirikhan
Esmirna
Alepo
Atenas
GRECIA
SIRIA
CHIPRE

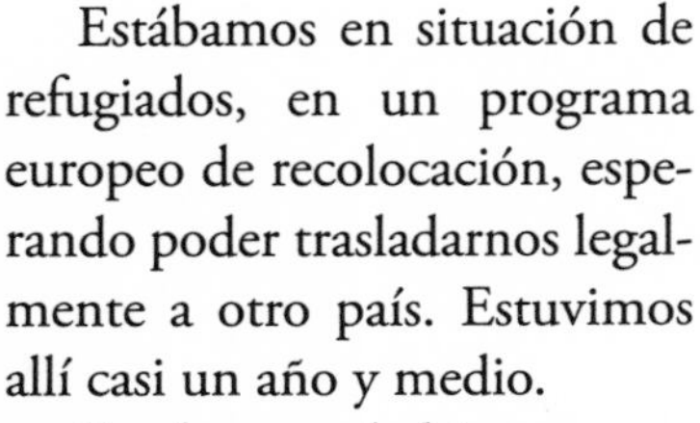

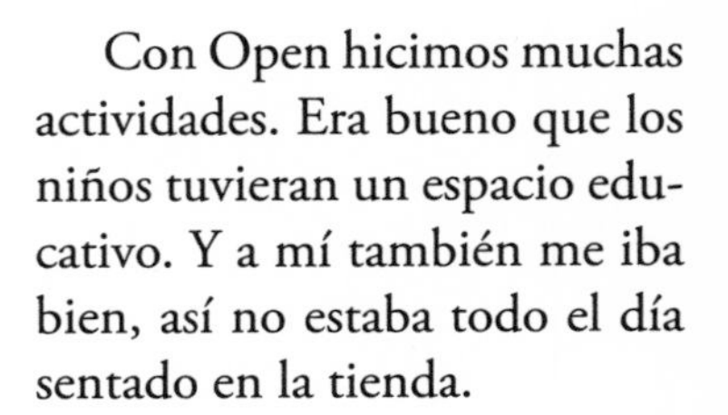

Estábamos en situación de refugiados, en un programa europeo de recolocación, esperando poder trasladarnos legalmente a otro país. Estuvimos allí casi un año y medio.

En el campo había unas tres mil personas y muchos problemas: peleas, drogas… Es normal que hubiera problemas. Tienes tres mil personas en un sitio sin hacer nada, esperando poder cruzar la frontera, pasando calor o frío, según la estación. No había escuela para los niños, no había permiso para trabajar, no había nada. Sí que podías salir a caminar, descubrir las montañas, claro; un día o dos está bien; después, ya no sabes qué hacer. Era un campo pequeño, pero había todo un mundo allí dentro.

En el campo de refugiados había una organización llamada Open Cultural Center. Durante el tiempo que permanecí en Cherso, estuve con ellos como voluntario. Ayudaba y enseñaba a los niños. Aprendí inglés con los voluntarios, y a los niños les enseñaba las letras en inglés, porque solo conocían las árabes, y también un poco de matemáticas. Pasaba el tiempo con ellos para que no estuvieran todo el día sin hacer nada.

Con Open hicimos muchas actividades. Era bueno que los niños tuvieran un espacio educativo. Y a mí también me iba bien, así no estaba todo el día sentado en la tienda.

MI HERMANO TUVO UN ACCIDENTE

En invierno no se podía vivir en aquel campo porque había nieve y hacía frío y viento. Nos trasladaron a Igumenitsa, una pequeña ciudad al norte de Grecia. Estuvimos en un hotel tres meses. Después nos dijeron que nos llevarían a otra ciudad, pero mi hermano Kahraman tenía que renovar su tarjeta. Se fue por la noche en un bus de ACNUR. Por el camino tuvo un accidente y perdió un pie.

Nos llevaron a Atenas. Mi hermano estuvo ingresado en el hospital. Allí nos dieron la noticia de que ya teníamos la acogida como refugiados por parte de España.

Llegamos a Murcia en 2017. A mi hermano le habían amputado el pie y tenía mal la herida. Le sangraba. Fuimos al médico y nos dieron cita para dos días después. Yo no lo acepté, cogí a Kahraman y nos fuimos en autobús hacia Alemania, porque teníamos un hermano allí. Cuando llegamos, nos fuimos al hospital y él estuvo veintiséis días ingresado porque tenía una infección.

Intentamos iniciar el proceso de asilo en Alemania para conseguir los papeles y la residencia, porque allí estábamos ilegales. Nos dijeron que no podía ser, que teníamos que volver a España, porque era donde nos habían acogido.

Durante los nueve meses que permanecí en Alemania, estuve en contacto con una familia de Düsseldorf que nos ayudaba en todo: se encargaron de mi hermano y, hasta ahora, aún contamos con ellos. Cada año los vamos a visitar. Son como nuestra familia. Son gente que quiere ayudar, que quiere hacer algo. Son los auténticos «europeos»; los que quieren que Europa crezca.

FAMILIAS DE ACOGIDA

Primero me enviaron a mí, a Madrid. Me dijeron que me vendrían a buscar al aeropuerto, pero cuando llegué no había nadie, no conocía a nadie y no sabía dónde tenía que ir. No tenía tampoco ninguna dirección. Finalmente, fui a casa de un amigo de la familia de Düsseldorf.

De Madrid me fui a Barcelona, y me pusieron en contacto con los jesuitas de la Fundación Migra Studium, y, a través de ellos, con dos familias de acogida. Estuve seis meses viviendo con las familias de acogida y, gracias a su apoyo, pude recuperar una vida normal. Conseguí el carné de conducir y encontré un trabajo en el campo, en Lleida.

Al cabo de ocho meses, ya tenía papeles; como refugiado me habían dado el derecho de asilo, y ya pude conseguir un trabajo, tener un contrato y una cuenta bancaria.

EL CONFINAMIENTO

Al volver de Lleida, me puse de nuevo en contacto con la organización Open Cultural Center. Estuve un año como voluntario. Me ofrecieron un piso donde vivir con los otros voluntarios.

Era el tiempo del confinamiento por la covid y no podía encontrar trabajo.

Uno de los últimos días de julio, me fui a ver a las familias. Estaba muy preocupado porque no encontraba trabajo y aquella noche era la última que podía estar en el piso. Les dije que me iba a Alemania con mi hermano. No tenía otra solución. No tenía trabajo ni casa. ¿Adónde iba a ir? ¿A la calle? A mí me gustaba vivir aquí. Tenía dos familias, muchos amigos, pero a veces la vida te lo pone difícil.

Carmen, la madre de una de las familias de acogida, me dijo que no me preocupara, que me fuera a casa —era la última noche que podía estar— y que no reservara el billete de avión. Me fui a casa y, al día siguiente, Rafa, el padre de otra de mis familias de acogida, me ofreció un trabajo de técnico en su empresa. Y, como ya no tenía ningún sitio donde vivir, Migra Studium me permitió vivir temporalmente en el Casal Arrupe, hasta que pudiera encontrar una habitación.

HE VUELTO A LA VIDA NORMAL

Seis meses después, pude alquilar un piso con mi hermano y comprar un coche. He vuelto a la vida normal. Vivo como cualquier otra persona.

Lo he conseguido gracias al apoyo de la Fundación, de las familias y de los amigos. Tener este apoyo es importante. Alguien que venga de otro país, sin la ayuda de la comunidad, no puede conseguir vivir aquí e integrarse. Lo más importante es formar parte de la comunidad, ser uno de ellos, y no estar en la calle. Cuando ves gente en la calle, es que a la sociedad no le interesa ayudarlos.

La acogida de las dos familias cambió mi vida. Por eso me interesa mucho el proyecto de Migra Studium y siempre estoy dispuesto a colaborar. Yo he visto que es algo real, que están haciendo algo muy bueno.

APRENDÍ A TENER CONFIANZA

Yo fui uno de los primeros en este proyecto de acogida de las familias. Me sentí muy amparado. ¡Volvía a tener una familia! Reencontré el sentimiento de paz que había perdido al salir de mi país.

Con estas familias me sentía como si alguien me cogiera de la mano y me llevara hacia delante. Con ese apoyo, ¡tú te sientes capaz! Mientras estás agobiado, mientras no encuentras la paz, no puedes conseguir nada. Con ellas aprendí una cosa muy importante: a tener confianza.

Sigo manteniendo el contacto. Cada dos meses, más o menos, voy a su casa; es un momento muy importante para mí. Cuando salgo de allí, me siento más fuerte, con más confianza, más feliz, diferente. Son gente que quiere ayudar, hacer algo. Nunca se lo podré agradecer lo suficiente. Los padres me han tratado igual que a sus hijos. Y los hijos me hacen sentir como a un hermano.

Yo también me veo acogiendo. Y ¿cuándo puedes acoger? Cuando estás estabilizado. Ahora también tengo algunos amigos viviendo conmigo, y los pondré en contacto con Migra Studium.

UN MUSULMÁN ENTRE CRISTIANOS

Soy un musulmán acogido por dos familias católicas que me ayudaron a conocer su comunidad religiosa. Un musulmán que vivía en su casa y que iba a la iglesia con ellos; y yo no tenía ni idea de que podía entrar en una iglesia. Fui a la Pascua cristiana en Raimat. No conocía nada de su religión pero participé en las celebraciones. Era algo distinto y muy interesante para mí.

Los kurdos somos personas muy abiertas. A mí me gusta participar y conocer la comunidad religiosa de aquí. Para mí, la misa que hacen en el Casal Loyola es muy chula; todo está unido: la comunidad y la vida. Personalmente, estos momentos me han ayudado.

Las familias también fueron muy respetuosas conmigo. Cuando hice el Ramadán en su casa, me levantaba por la noche para comer y siempre había comida en la cocina para mí. Ellos son los creyentes de verdad. Esta es la paz entre las diferentes culturas, musulmana y cristiana.

HA SIDO UN LARGO VIAJE

Mis padres y mi hermana siguen en Siria. Están bien. Hablamos a través de videollamadas, pero yo no puedo volver, porque es una zona controlada por un grupo terrorista. A mí, por ser kurdo, me prohíben la entrada en la zona.

Desde que, en 2012, empezó la guerra hasta ahora, han pasado once años. Me fui con dieciocho. Llegué a Barcelona con veintitrés, y ahora tengo veintinueve. ¡Ha sido un largo viaje de once años!

Estoy contento de estar en España. Tenemos nuestra comunidad, con amigos de todas partes. Nuestra vida ya está aquí. Ahora estoy estudiando un curso de Automatización y Robótica. Quiero tener un certificado de estudios. Siempre pienso en mejorar, en saber más, en integrarme…, pero paso a paso.

Aún estoy estresado. Necesito tiempo para digerir todo lo que he vivido. Es como una tormenta: cuando ya ha pasado, cuando llega la calma, te das cuenta de que necesitas tiempo para recuperarte de todo lo que has sufrido.

Además, aquí hay una cultura diferente, una vida diferente. Necesitas tiempo para adaptarte a los cambios, para entender todo lo nuevo que estás viviendo. ◎

RUTH VERÓNICA CARRANZA

SIEMPRE SE BURLABAN DE MÍ

**NACE EN LA PAZ (EL SALVADOR) EN EL AÑO 1999.
LLEGA A HOSPITALET (BARCELONA) EN 2007.**

La Casa de Recés de la Fundación de la Esperanza, en el Raval barcelonés, es un lugar que hace honor a su nombre: es un espacio de sosiego en el que las mujeres acogidas pueden rehacer su vida. Así lo hace Ruth, con quien charlamos en una de las salas de la casa.

Ruth me explica que nunca se ha sentido discriminada por ser inmigrante. Ha estudiado una carrera y trabaja, y confiesa que lo ha podido hacer gracias a que han confiado en ella. Ha sido un largo proceso de empoderamiento.

Aunque a ella le parecía que la suya era una vida «normal», no lo ha tenido nada fácil. Tuvo que emigrar por el acoso que recibía en la escuela a causa de su situación familiar. Aún se le llenan los ojos de lágrimas al recordar la última vez que vio a su padre.

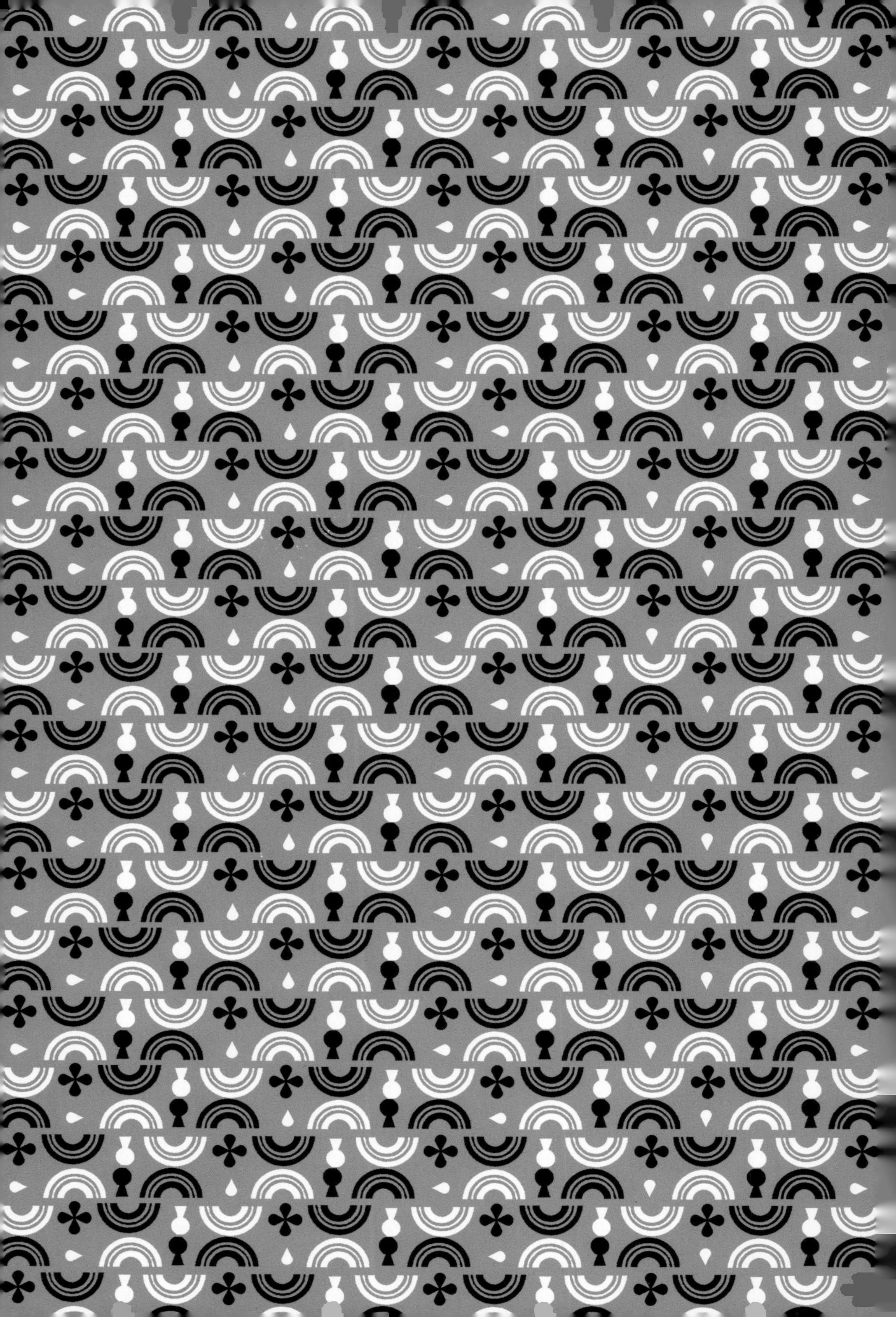

YO TENÍA OCHO AÑOS

Era hija única. Vivía con mis padres y tenía a mi familia —mis abuelas— muy cerca. Para seguir la tradición familiar, estudiaba en el mismo colegio de monjas al que había ido mi padre. Me gustaba estudiar y sacaba muy buenas notas.

Todo iba bien, teníamos una buena situación, hasta que mi padre tuvo un problema con el ayuntamiento donde trabajaba, por un tema de corrupción. El asunto tenía que ver con el alcalde, pero encontraron unos documentos que él también había firmado y lo metieron en la cárcel. Yo tenía ocho años.

«NOS TENEMOS QUE IR DE AQUÍ»

Ahí empezaron todos los problemas, porque en el colegio empecé a sufrir acoso. «Tu padre es un ladrón», me decían. Cuando mi madre se enteró de lo que me hacían, como que no quería que sufriera, me dijo: «Nos tenemos que ir de aquí». Y decidió que viniéramos a España las dos solas, porque mi padre, en ese momento, ya estaba en la cárcel.

Antes de irme, solo recuerdo haber visto a mi padre una vez. Lo fuimos a ver a las puertas de la cárcel. Como que en El Salvador había muchas bandas criminales, yo pensaba que él debía de estar encarcelado con alguna de ellas, y eso me daba mucho miedo. Cuando estábamos delante de las rejas, mi madre me miró y debió de leerme la mente, o quizás vio la preocupación en mi cara, porque me dijo: «No, hija, tranquila, él no está con esa gente. Está en la cárcel por otro motivo».

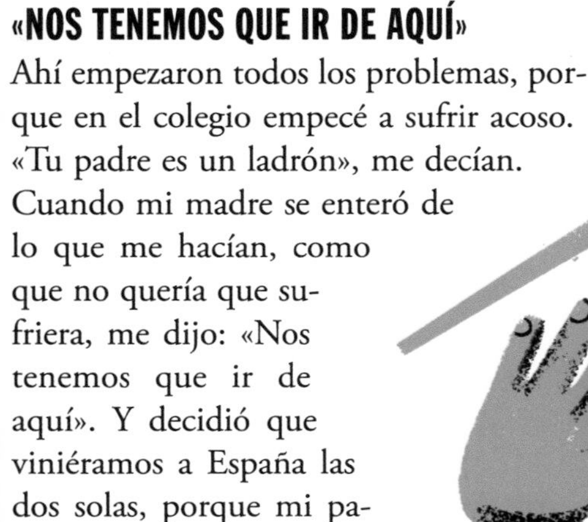

Del tiempo que estuvo preso, solo recuerdo que me mandaba cartas y que yo también le escribía. En la cárcel, se dedicó a hacer monederos, cestas y bolsos para mantenerse entretenido, y me los mandaba. Me hizo un monedero con mi nombre que aún guardo.

ME ADAPTÉ MUY RÁPIDO

Mi madre y yo cogimos un avión las dos solas y vinimos a Hospitalet (Barcelona). Aquí hacía años que vivía una tía que siempre nos invitaba a venir, pero mi padre no quería moverse de El Salvador. No estábamos en una mala situación y teníamos los recursos básicos para poder vivir tranquilos.

Durante un año, vivimos con mi tía y sus hijos en el mismo piso. Yo me adapté muy rápido. En El Salvador había sufrido mucho acoso por lo que estaba pasando, y además siempre se burlaban de mí porque era una niña gordita. Pero al llegar aquí se acabaron las burlas.

El colegio me ayudó muchísimo a adaptarme. Nunca me discriminaron por ser inmigrante. Yo seguía en la misma línea de ser una buena alumna. Me gustaba estudiar y aprendía muy rápido. En la escuela se sorprendían de que aprendiera tan deprisa y me respetaban. Pienso que, cuando eres buena alumna y sacas buenas notas, los profesores te tratan diferente. Eso me ayudó a adaptarme y a estar bien aquí.

Al cabo de un tiempo, mi madre me preguntó si quería volver a El Salvador o si quería quedarme, porque ella, supongo que por ser adulta, no lograba adaptarse. «Tú, si quieres, te puedes ir, pero yo me quedo aquí», le dije. Y nos quedamos.

NUNCA MÁS VI A MI PADRE

Un día, recibimos una llamada de mi padre. Mi madre había conocido a otra persona y en aquella llamada tomaron la decisión de separarse. Yo me enteré en aquel momento. No lo recuerdo muy bien, tengo muchas lagunas. Aún era muy pequeña.

No sé cuánto tiempo pasó hasta que volví a hablar con mi padre y a recibir cartas. Él siempre me decía que sentía no haber estado más en contacto conmigo. Yo no recordaba casi nada de él.

Cuando tenía unos doce años, salió de la cárcel. Yo no lo recuerdo muy bien. Sé que intentó venir a verme aquí, pero tuvo muchos problemas y no lo consiguió. Y ya no lo intentó más. Yo tampoco podía ir porque era menor de edad.

El 8 de marzo de 2019 falleció. Sabía que estaba enfermo y me lo esperaba, pero, aun así, para mí fue muy duro, porque ni siquiera podía viajar a El Salvador.

No he vuelto nunca más a mi país. Me gustaría ir a visitar a mi familia, pero no me quedaría a vivir allí.

ESTUDIAR ERA MI ÚNICO ESCAPE

Durante trece años estuve viviendo con mi madre, mi padrastro y mi hermano, que es hijo de mi madre y mi padrastro.

Mi complicada situación familiar y el mal ambiente que había en casa son algunas de las razones por las que ahora estoy en la Casa de Recés.

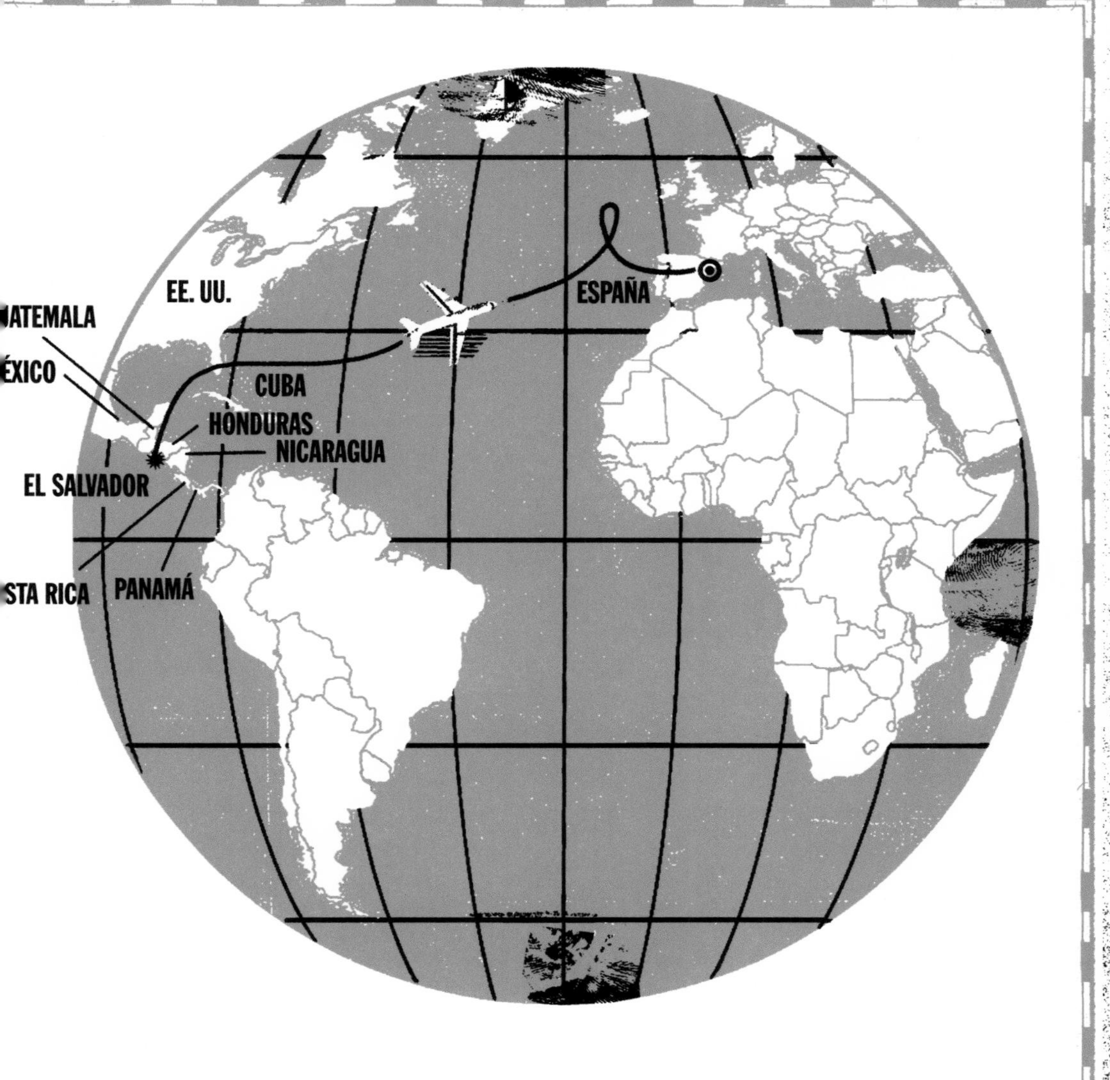

EE. UU.
ESPAÑA
ATEMALA
ÉXICO
CUBA
HONDURAS
NICARAGUA
EL SALVADOR
STA RICA
PANAMÁ

EL SALVADOR
La Paz

Hospitalet
Barcelona
ESPAÑA

En aquella época, yo seguía estudiando como podía, aguantando malos tratos. Ahora me doy cuenta de que estudiar era mi único escape. A pesar de los problemas que teníamos, intentaba llevar una vida normal y quedar con las amigas.

Ahora que lo veo desde la distancia, me doy cuenta de lo difícil que fue para mí cuidar de mi madre y proteger a mi hermano. Todo esto, a la larga, te atrapa.

VIVÍAMOS CON MUCHA INESTABILIDAD

Íbamos de un piso a otro porque no podíamos pagar el alquiler; siempre había problemas económicos. Vivíamos con mucha inestabilidad.

Un día que teníamos que abandonar el piso con urgencia, mi madre y yo tuvimos la oportunidad de dejar de vivir con mi padrastro. En ese momento, hace dos años, nos separamos. Cada una tuvo que buscarse la vida, y yo me fui a vivir a casa de mi tía. Durante ese tiempo, estuvimos en contacto con la asistenta social. A mí me ayudó a obtener una beca para entrar en la universidad, y mi madre entró en un programa de ayuda contra la violencia doméstica, y podía pedir protección cuando tuviera problemas con mi padrastro.

Nunca he tenido un hogar en el que me haya sentido tranquila o feliz. Una casa donde ser yo misma y moverme en libertad. Es por eso por lo que la asistenta social me recomendó entrar en la Casa de Recés. Hice la entrevista y aquí estoy. De eso hace más de un año, y las cosas han cambiado muchísimo.

NECESITABA CREER EN MÍ MISMA

Yo entré aquí muy concienciada; quería cambiar muchas cosas de mi vida. Ahora sé que estoy bien encaminada; sé lo que quiero hacer y me gusta lo que estoy estudiando.

En la Casa he descubierto muchas cosas de mí. He aprendido a ser más sociable y a mostrarme tal como soy. He podido hacer terapia y trabajar muchos temas personales.

Mi objetivo más importante es poder salir de aquí mucho más segura de mí misma. La inseguridad era la piedra que no me dejaba avanzar. Necesitaba creer en mí misma, porque mis profesores me decían que era buena, pero yo no me lo creía.

He avanzado mucho en este tiempo y, cuando salga de aquí, sé que, pase lo que pase, siempre voy a poder encontrar la manera de salir adelante. Si me encuentro sola, si nadie me puede ayudar, buscaré ayuda por mí misma; no voy a esperar a que vengan a salvarme, como siempre.

El problema es que yo estaba demasiado atada a mi madre, la protegía mucho, y esto me ha hecho ser muy dependiente. Yo siempre la he cuidado, pero ¿quién me ha cuidado a mí? Me di cuenta de esto cuando me vi sola.

Cuando entré aquí, pensaba que al salir volvería con mi madre, pero ahora, no. Las cosas han cambiado mucho; ahora me veo independiente, viviendo sola.

AQUÍ ME HAN AYUDADO

Cuando entré en la Casa de Recés, me di cuenta de que había llegado el momento

de descansar de la vida que había llevado. De encontrar un poco de estabilidad.

Antes de entrar, pensaba que quizás no había sufrido tanto como para estar aquí, pero en la Casa te dicen que todo lo que vive cada una, sea lo que sea, es importante. Luego, vas comparando vivencias y opiniones con otras chicas, y descubres que lo que a ti te parecía normal en tu vida no lo era, que otras no lo hubieran permitido. Eso te hace reflexionar; te ayuda.

Si miras en tu interior y haces el trabajo que te proponen, sales adelante. Aquí me han ayudado a hacerlo.

YO SOLA NUNCA LO HUBIERA INTENTADO

Estoy estudiando Filología Inglesa y Francesa, y ahora estoy haciendo el trabajo de fin de grado (TFG). Hace un año, yo no

me atrevía a decir: «Estoy acabando la carrera y voy a buscar trabajo de lo mío».

Uno de los asesores de trabajo me recomendó que enviara el currículum a una academia, aunque no me seleccionaran; pero yo no me atrevía a hacer esas cosas porque me sentía muy insegura. ¡No creía que pudieran escogerme a mí!

Ahora estoy trabajando en una academia y me gusta mucho lo que hago. Mi objetivo era ser profesora y me gusta el sitio; están contentos conmigo. No tengo ninguna duda de que yo sola nunca lo hubiera intentado.

Me quedaré en la Casa de Recés hasta diciembre. Solicité una prórroga. Cuando llevaba un año aquí, pedí quedarme otro más, y aquí estoy.

Ahora sé que podré salir adelante yo sola.

MI MADRE NO QUERÍA CUIDARME

NACE EN TÁNGER (MARRUECOS) EN EL AÑO 2000.
LLEGA A FRANCIA EN 2017.

Meriem lleva una sudadera rosa, su color favorito. Cuando le pregunto por su infancia, me dice, muy convencida, que se acuerda de todo. Su respuesta me hace pensar que debe tener buenos recuerdos. No me imagino que la auténtica razón es que fue una pesadilla. Aun así, siempre sonríe, menos cuando habla de esa época; entonces, se le escapan las lágrimas.

En la Casa de Recés nos ofrecen la biblioteca para charlar, pero ella prefiere una salita tranquila del piso superior, donde puede hablar sin miedo a ser escuchada.

Meriem es una mujer fuerte, atrevida e inquieta, que busca aquello que nunca ha tenido: que la quieran un poco. Cuando nos despedimos, nos abrazamos muy fuerte.

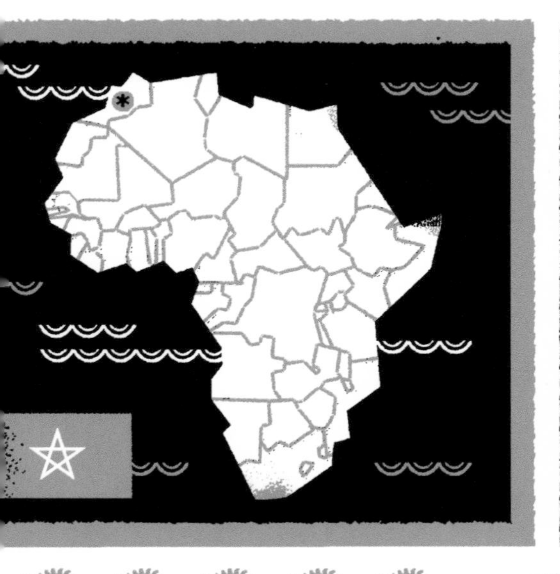

P.L.M(1) 502
6855 8.80
LYON-PERR
PARIS
TICKET
ENTRÉ
SUR LE
QUAIS
016855

مدرسة

DE MI INFANCIA ME ACUERDO DE TODO

Cuando mi madre estaba embarazada de mí, mi padre le decía que quería que yo fuera un chico. Pero nací chica y con una malformación en los brazos. A pesar de eso, mi padre estuvo contento conmigo. Mi madre, en cambio, no se lo tomó bien.

Cuando tenía cinco años, la edad de escolarización, no me admitieron en el colegio del barrio porque decían que tenía que ir a un colegio especial. Entonces mi madre me quiso internar en un centro para menores con discapacidad.

Me acuerdo perfectamente. Parece que lo esté viendo. Recuerdo dónde me senté y con quién hablé. Tenía mucho miedo de la gente con discapacidad. Yo no veía la mía, pero sí la de los demás: el que iba en silla de ruedas, el que no tenía manos o piernas, el que tenía discapacidad mental…, y me asusté mucho.

A la hora de comer, oí que mi madre le decía a la educadora: «Voy a dejar a mi hija aquí. Quiero que la cuidéis bien. Que duerma contigo; no quiero que duerma con los chicos». Yo le pregunté: «¿Me vas a dejar aquí?». Y me dijo que sí, que allí me iban a cuidar mejor. Mi madre no quería cuidarme.

«¡NO ME DEJES AQUÍ!»

Cuando se fue mi madre, salí corriendo detrás de ella: «¡No me dejes aquí! ¡Quiero venir contigo!». Ella se fue y me quedé llorando. Casi se me para el corazón de tanto llorar.

Entonces llamaron a mi madre y le dijeron que viniera a buscarme, que yo no podía estar allí, no lo podía aguantar.

Mi madre me recogió y, como que no se encontraba bien, me llevó a casa de mi tía, la hermana de mi padre, que vivía en Nador. Me quedé con ella un año. Cuando empezó a haber conflictos en la ciudad, vino mi padre a buscarme y volví a casa otra vez. Estaba muy contenta. En mi casa me sentía más cómoda.

Mi madre fue a inscribirme otra vez al colegio del barrio, pero volvieron a decirle que no podían aceptarme porque tenía una discapacidad. Entonces buscó otro colegio y por fin me acogieron. Sufrí porque se burlaban de mí, pero tenía un profesor que cuando los niños se reían de mí hablaba con ellos para que no lo hicieran. Con aquel profesor me sentía muy bien; se lo contaba todo.

Era estudiosa. Era la primera de la clase y todo el mundo estaba contento conmigo. Mi madre, también.

EMPECÉ A FALTAR A CLASE

Cuando empecé el colegio de los mayores, mi tía —otra hermana de mi padre—, que vivía cerca de casa, empezó a relacionarse conmigo. Me compraba cosas y me llevaba a pasear. Nos subíamos a coches de hombres que yo no conocía y me daba dinero. Yo iba contenta con ella y no le decía nada a mi madre. Empecé a faltar a clase y a suspender los exámenes.

Cuando tenía catorce años, me echaron del colegio y mi padre les pidió que me volvieran a admitir. Volví con ganas de aprender, pero no me entraba nada en la cabeza. Yo veía que mi tía siempre ayudaba a su hija a hacer los deberes; en cambio, a mí me decía que lo dejara y que saliéramos a pasear.

Mi madre, cuando me veía cerca de mi tía, siempre me pegaba.

Yo me sentía bien con ella; era como una madre. Pensaba que me quería, pero más tarde supe que solo quería vengarse de las palabras que le había dicho mi madre cuando se separó de su marido. Le dijo que cuando su hija fuera mayor sería una puta porque no tenía padre. Mi tía se guardó esas palabras en su cabeza y se acercó a mí para devolvérselas a mi madre: «A ver quién será la puta, si mi hija o tu hija». Hizo todo lo posible para que yo no fuera al colegio; en cambio, su hija acabó los estudios y está a punto de ser doctora. Yo todo esto no lo sabía; lo supe más tarde.

NUNCA HE ABRAZADO A MI MADRE

Mi madre tiene una enfermedad mental. Siempre gritaba mucho y tenía que pegar a alguien, y ese alguien era yo. A veces yo no hacía nada, estaba sentada tranquilamente, y me reñía por algo que había hecho hacía tiempo y me empezaba a pegar.

Tengo un hermano y dos hermanas más pequeños, y mi madre nunca los ha tocado; siempre me pegaba a mí.

Cuando tenía quince años, empecé a salir con chicos. Yo no hacía nada con ellos, ni los besaba ni nada; solo salía a pasear. Mi madre, con la excusa de que salía con ellos, le comía la cabeza a mi padre para que también me pegara. Y mi padre, para no oír gritar a mi madre, empezó a pegarme. Y mi hermano, también.

Nunca he abrazado a mi madre.

ME QUERÍA MORIR, O QUE SE MURIERAN ELLOS

Una noche que llegué a las once, mi madre me pegó mucho; me daba golpes contra la pared. Mi padre y mi hermano, también. Después me llevaron al hospital para comprobar si aún era virgen. ¡Y claro que lo era!

Al salir del hospital, mi madre me dijo que ya no quería vivir conmigo y me llevó a la casa de un familiar, donde no vivía nadie, y me dejó sola quince días. Sin móvil, sin tele, sin nada. Por suerte, mi abuela y mi tía me traían la comida.

Después, mi abuela me llevó a su casa, pero a escondidas. Tenía miedo de mi madre porque también la trataba mal.

Cuando venía mi madre a visitarla, yo me escondía, pero un día llegó y vio mis chanclas en el suelo. Me encontró y, después de pegarme, me llevó a casa. A partir de aquel día, me quedé en casa haciendo las faenas, la comida, todo. Y comía siempre sola.

Yo vi que no podía vivir así. Me quería morir, o que se murieran ellos.

ME DIERON EL VISADO PARA VIAJAR

Cuando cumplí dieciséis años, mi padre volvió a acercarse a mí. Le enseñaba cómo funcionaba el Facebook y las redes sociales. Me protegía y le decía a mi madre que me dejara tranquila. Por primera vez me sentí cerca de mi padre. Me compró un móvil y, cuando quedaba con mis amigas, él venía a saludarlas y a conocerlas. Me di cuenta de que mi padre se acercaba a mí para estar con mis amigas. Una de ellas me dijo que había quedado con él y que le había alquilado una habitación. No le dije nada a mi madre. Me callé. Que hiciera lo que quisiera. Él me protegía. Nadie me pegaba y yo me sentía bien.

Ya no quería ir al colegio. No me entraba nada en la cabeza. Hablé con una tía que vivía en Francia y le pregunté si podía ir a verla. Me dijo que sí, que preparara los papeles. Tuve que esperar seis meses porque era menor y viajar sin los padres es complicado. Mi padre me ayudó y al final en el consulado me dieron el visado para viajar. Aquella misma noche compré el billete de avión y me fui. Mi padre me acompañó hasta el aeropuerto. Tenía diecisiete años.

ERA VÍCTIMA DE UN CHANTAJE

Mi tía me esperaba en Francia; no recuerdo dónde. Estuve diez días con ella y me fui a Cataluña, a Vic, con otra tía. La razón es que era víctima de un chantaje.

Cuando estaba en Marruecos, tenía relación con un chico y nos hacíamos fotos besándonos. Un hombre entró en mi móvil y me amenazó diciéndome que las publicaría en las redes sociales si no grababa vídeos de sexo para él. No supe nunca quién era ese tipo, pero, cuando estuve en Francia, lejos de mi casa, le dije que me daba igual, que las publicara, que ya no quería seguir más con eso.

Y las publicó. Mis tías y toda mi familia se enteraron, y fui a parar a la calle.

Estuve en la calle sin saber a dónde ir. Me preguntaban, pero no sabía español. Vino la policía. Les dije que había llegado en patera, porque si les decía que tenía visado me habrían devuelto a Marruecos. Me llevaron a un centro de menores de Hospitalet, en Barcelona.

HACÍA MUCHO FRÍO

Estuve un año allí y me fugué con dos chicas: una española y otra que ya tenía papeles. Volvimos a Francia. Hacía mucho frío y no llevábamos bastante ropa de abrigo. Llegamos a Torre de Querol y nos pilló la policía. Les dimos nombres falsos y nos dejaron ir. Una mujer nos acogió en su casa y a la mañana siguiente nos llevó de nuevo a la estación.

Cogimos el tren y fuimos a Toulouse. Queríamos ir a un centro de menores, pero no encontramos ningún policía que nos llevara. Hacía mucho frío.

Mi amiga me dijo que fumara para que se me pasara el frío. Yo nunca había fumado. Me enseñaron cómo hacerlo. Me dieron un porro solo para calentarme. Di unas caladas y me desmayé. Vino la policía, llamaron a una ambulancia y me llevaron al hospital. El médico me dijo que me tenía que operar del corazón. Desde que nací, tenía problemas de corazón a causa de la enfermedad que me había producido la malformación, pero no lo sabía porque nunca había ido al médico.

A mis amigas les dijeron, desde el centro de menores de Toulouse, que tenían que volver a Hospitalet. Cuando vinieron a despedirse, aprovechando que nadie me vigilaba, me dijeron que me fuera con ellas a Barcelona, que allí me operarían mejor. Pero vino la policía y no me dejaron ir. Ellas se fueron a Barcelona sin mí, y yo me quedé allí un mes y medio, con vigilancia de la policía, sola y llorando todo el día.

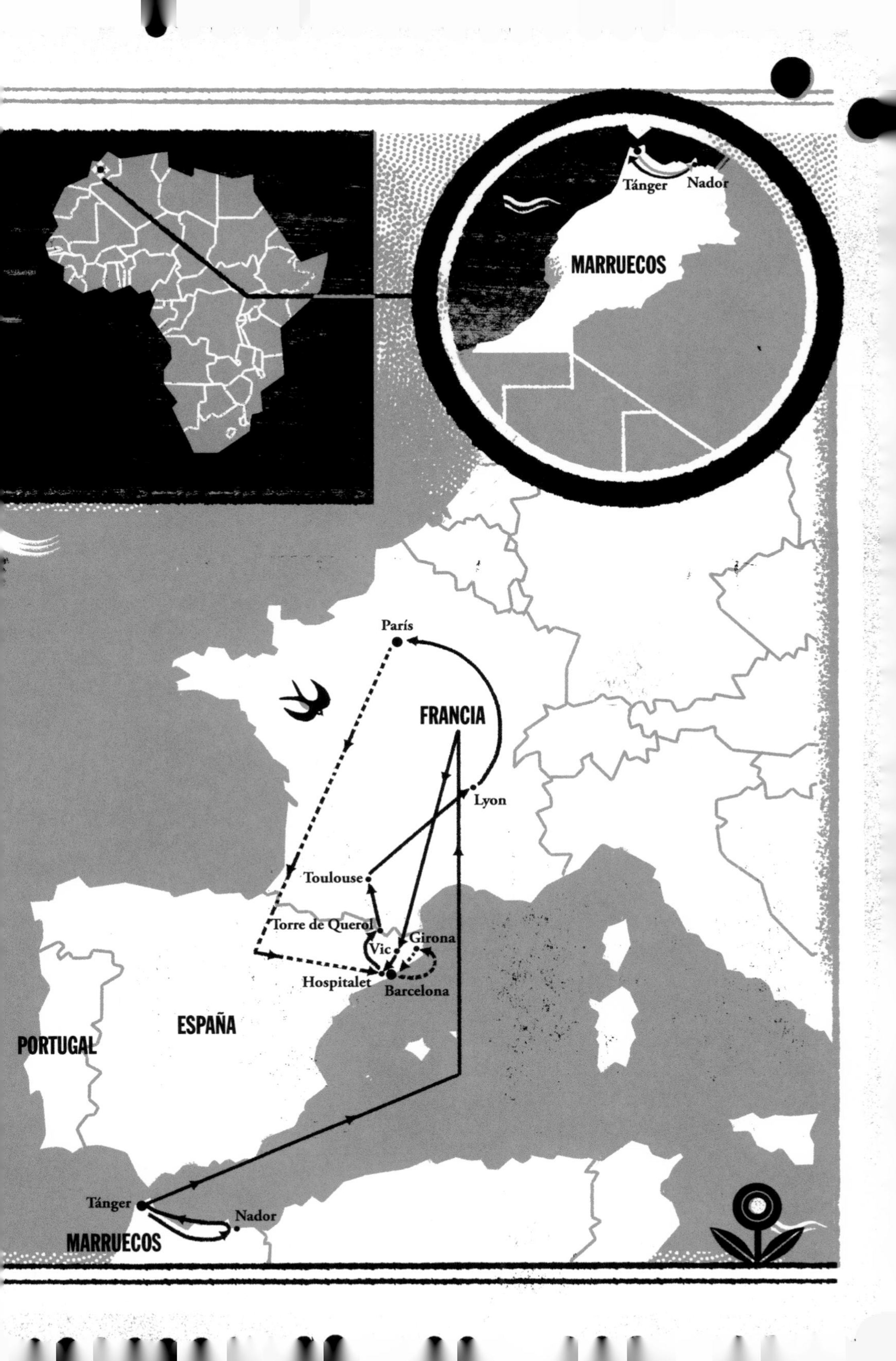
Tánger
Nador
MARRUECOS
París
FRANCIA
Lyon
Toulouse
Torre de Querol
Vic
Girona
Hospitalet
Barcelona
ESPAÑA
PORTUGAL
Tánger
Nador
MARRUECOS

Al salir, me fui de nuevo al centro de menores de Toulouse. En el hospital, me iban haciendo revisiones para operarme.

ME FUGUÉ DEL CENTRO

Del centro de menores no se podía salir sola. Solo salíamos una vez a la semana para ir a un restaurante. Allí conocí a un chico y me dijo que se iba a París; le pedí si podía ir con él. Un día que fuimos al restaurante nos escapamos. Fuimos a la estación y cogimos el tren. Ese chico iba a casa de un amigo. Cuando llegamos a Lyon, teníamos que coger otro tren y lo perdimos. Él se enfadó y se puso a fumar. Vinieron los de seguridad porque no se podía fumar. Nos cogieron y fuimos a la comisaría. A mí me llevaron a un centro de menores otra vez.

Quedamos al día siguiente en la estación de Lyon, a las ocho de la mañana. Me levanté y salí. A los del centro les dije que iba a ver a mi hermana y me dieron una tarjeta de transporte. Me encontré con aquel chico y, al verlo, corrí hacia él porque me sentía muy sola, no conocía a nadie.

Cuando llegamos a París, él me llevó a un centro. Me quedé allí un mes. Ya tenían todo mi historial y sabían que estaba mal del corazón. Me volvieron a llevar al hospital y estuve allí unos quince días. El doctor me dijo que me tenía que operar del corazón y también de la mano, pero yo no quise.

Me fugué del centro, pero me pilló otra vez la policía y me llevó a otro centro. Solo había chicos africanos. Yo era la única mujer, y, aunque tenía una habitación para mí sola, no la podía cerrar con llave y por la noche me asustaban. No podía soportarlo.

YA ERA MAYOR DE EDAD

Salí por la mañana del centro. Les dije que iba al colegio a aprender francés. Me fui a la estación y cogí el tren. Me pusieron una multa porque no había pagado el billete, pero llegué a Barcelona. Me fui al centro de Hospitalet y me encontré con que me habían dado de baja porque ya era mayor de edad.

Entonces entré en la fundación Bayt al-thaqafa, en una casa para mujeres separadas con niños, porque no había ningún otro sitio libre. Viví allí dos años. Conseguí mis papeles y una paga.

Al salir, me fui a vivir con un chico a Girona, pero me trataba mal. Estuve con él tres años, pero no lo podía soportar y me fui. Conocí a otro chico que vivía en una casa okupa y me fui a vivir con él. Para que no se aprovechara de mí, le alquilé una habitación por doscientos euros. Viví con él un tiempo, pero estaba mal. Me sentía como si viviera en la calle; todo estaba muy sucio. Hablé con la trabajadora social y le dije que quería entrar en algún sitio donde me ayudaran, y me trajeron aquí, a la Casa de Recés. Llevo aquí siete meses.

AHORA ESTOY RECUPERÁNDOME

En Barcelona me han hecho siete operaciones de corazón y ahora me espera otra más, en Sant Joan de Déu. Me han ayudado mucho, en el centro y en el hospital. Ahora estoy recuperándome. Estoy muy contenta de estar aquí. Incluso hace poco me he atrevido a viajar a Marruecos, cosa que antes ni se me había ocurrido. Aunque solo he ido tres días; un viaje rápido. No pienso irme de Barcelona.

Me cuesta mucho vivir con gente porque tengo limitaciones: no puedo preparar una comida rápidamente, me cuesta ducharme sola; por eso no puedo estar en lugares con lavabos compartidos.

Mi sueño de futuro es vivir sola y trabajar. Quiero que vengan mis amigas a mi casa, tener mis cosas. Todo lo quiero de color rosa. Me gusta mucho.

Lo voy a conseguir.

OSSAMA EL GHACHOUAH

NUESTRO SUEÑO ERA VENIR AQUÍ

**NACE EN TÁNGER (MARRUECOS) EN EL AÑO 2000.
LLEGA A FRANCIA EN 2017.**

La familia de Ossama son campesinos, y él sigue siéndolo en su país de acogida. Trabaja en el campo, en la cooperativa L'Olivera. Se ocupa de almendros, olivos y viñedos. Le gusta el trabajo y tiene ganas de seguir aprendiendo. Es decidido y emprendedor, y los problemas lo estimulan a seguir adelante. No para hasta conseguir lo que quiere.

Tiene siete hermanos, y solo dos han migrado. El resto sigue con sus padres. Me confiesa que está muy a gusto aquí, y que solo una cosa lo haría regresar a su país: que ningún hermano se pudiera ocupar de sus padres y se quedaran solos. Su deber entonces sería volver para cuidarlos, porque eso es lo que hicieron con él cuando era pequeño.

AL LÍMITE DE LA POBREZA

Mi infancia fue normal, pero a mi alrededor la gente vivía al límite de la pobreza. Cuando eres pequeño no te das cuenta, pero, al hacerte mayor, descubres la realidad y eso te hace sufrir. Ves a tus padres que están trabajando todo el día y no tienen nada. La gente pobre, como ellos, no ha podido estudiar. Mi madre nunca ha visto cómo es una escuela ni ha tenido un lápiz en la mano.

Cuando tenía doce años y aún iba a la escuela, tenía que trabajar los meses de verano para poder pagarme los libros, la ropa y el transporte. Llega un punto en que te das cuenta de que estás estudiando para nada, porque al final vas a ganar lo mismo, tanto si tienes estudios como si no. Así que, cuando acabé el colegio, empecé a pensar en mi futuro. Mis padres me decían que estudiara, pero yo no quería. Entonces me dijeron que trabajara y que les diera una parte del dinero para poder pagar mi manutención.

PAGAMOS UNA PATERA

Tenía quince años. Fui a trabajar con un chico de mi pueblo que estaba en la construcción. Al cabo de un año, vi que todos mis amigos del colegio se iban a España porque sus padres les pagaban una patera. Y mi hermano mayor, también. Si se iba él, yo no podía forzar a mi padre, porque no tenía dinero para pagarnos una patera a los dos.

Así que me quedé trabajando con aquel chico y ahorrando un poco cada día, siete u ocho euros, lo que podía. Al cabo de un año, ya tenía suficiente experiencia profesional y podía tener gente a mi cargo. Cuando tuve un sueldo, hablé con mis padres, juntamos un poco de dinero y pagamos una patera.

A los de nuestro pueblo, como somos gente de mar, un viaje en patera, en aquel momento, te podía costar unos mil quinientos euros. ¡Ahora ya cuesta el doble! Y la gente de otros lugares, como los bereberes, los del interior, podían llegar a pagar hasta ocho mil.

Me tocó esperar mucho tiempo para venir aquí. Casi dos años. Seguí trabajando y devolviendo el dinero que me habían prestado para pagar la patera. No tenía sentido ahorrar dinero si mi futuro ya no estaba allí.

«¡CUERPO A TIERRA!»

Un día me avisaron de que había llegado el momento de partir. Nos juntamos mucha gente en un bosque, cerca de mi pueblo. Íbamos en grupos de veinte o treinta personas. Cada grupo llevaba un acompañante, que era quien se ocupaba de organizar y de revisar los nombres que tenía apuntados para embarcar.

Nos tocó esperar un rato en el bosque, hasta que se hizo de noche. Entonces fuimos hasta la autovía, subimos a unos autocares y nos dirigimos a Kenitra. Allí tuvimos que correr campo a través, escondiéndonos para que nadie nos viera, hasta que llegamos cerca del mar. Agazapados en una ladera, aún nos tocó esperar como tres o cuatro horas.

Cuando vimos que la patera se acercaba a la costa, la gente empezó a bajar corriendo. El capitán, que estaba detrás de nosotros, les ordenaba: «¡Cuerpo a tierra para que no os vean!», pero no le hacían caso; querían llegar a la patera y gritaban. Cuando la barca llegó a la playa, unos chicos fueron corriendo para atraparla y darle la vuelta para encararla al mar. Entonces vimos un grupo de militares que bajaban hacia la playa con linternas, perros y palos. Los chicos se escaparon corriendo y, al final, nos tocó a mí y a mis amigos, junto con otras personas, atrapar la patera e intentar voltearla.

NO NOS ÍBAMOS A RENDIR

Llegaron los militares y empezaron a pegarnos sin miramientos, pero no nos asustamos, porque nuestro futuro y nuestro sueño era venir aquí y no nos íbamos a rendir. Ellos luchaban por lo suyo y nosotros, por lo nuestro.

El motor arrancó, pero la patera no se movía porque la hélice no tocaba el agua. Bajé de nuevo y me puse a empujar. Estuvimos empujando con mucha fuerza. Se movió un poco y volví a subir. Tienes que ser como un mono para saltar. Suerte que había trabajado en la construcción y tenía experiencia.

El motor aún no tocaba el agua y los militares nos seguían pegando. Nosotros les tirábamos piedras que cogíamos del mar. Uno de ellos quería romper el motor. Entonces el capitán me dijo: «Coge ese bidón de gasolina y tíraselo encima». Se lo tiré y lo dejé allí tumbado y, después de esto, ya se fueron porque debieron pensar que los íbamos a matar, que no teníamos miedo.

EL MAR SE PUSO NERVIOSO

Estuve ayudando a las personas a embarcar: las agarraba y las metía dentro de la patera. Cuando ves que hay gente mayor que tú, haces lo que puedes para ayudar, porque al final o salimos todos o morimos todos.

El mar se puso nervioso. Empezaron a formarse olas. Había bastante gente en la patera y el capitán dijo que fueran todos hacia atrás; entonces la barca se levantó de la proa y por fin la hélice se hundió en el agua. Yo me fui arrastrando por el costado de la patera para que no se me llevaran las olas y volví a saltar dentro. Era la tercera vez que lo hacía. En total, embarcamos setenta personas.

El motor cogió fuerza y entonces empezó lo más peligroso, porque, mar adentro,

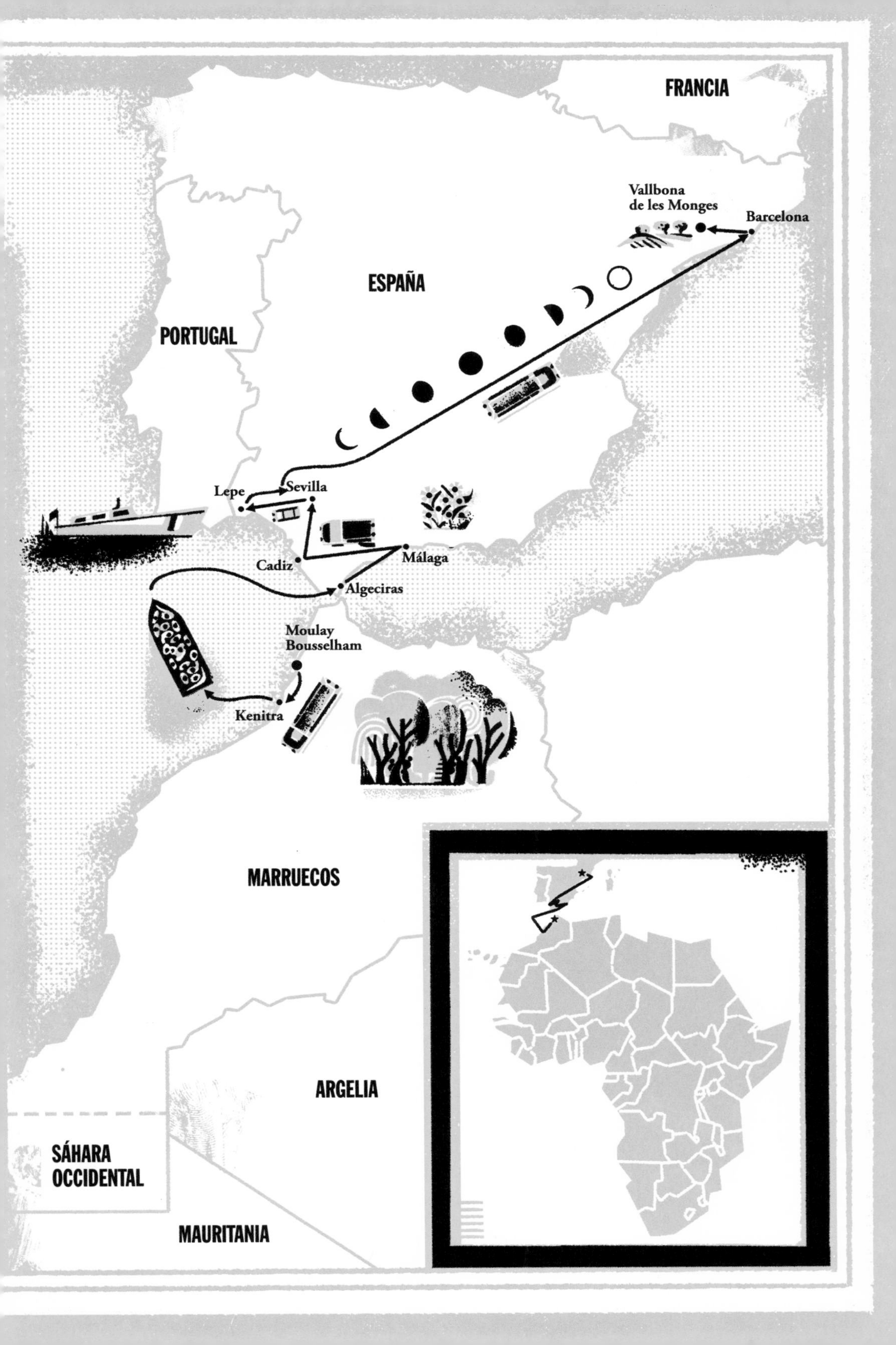

FRANCIA
Vallbona de les Monges
Barcelona
ESPAÑA
PORTUGAL
Lepe
Sevilla
Cadiz
Málaga
Algeciras
Moulay Bousselham
Kenitra
MARRUECOS
ARGELIA
SÁHARA OCCIDENTAL
MAURITANIA

las olas eran cada vez más altas. La patera golpeaba fuerte contra el mar. Todo el mundo gritaba. Nos fuimos colocando cada uno en su sitio. Yo me puse en una punta y me quedé escondido, con cinco o seis personas encima de mí que no me dejaban ni ver la luna. La gente lloraba y vomitaba, porque con el olor de gasolina y el movimiento te mareas y ya no sabes ni dónde estás.

Por suerte, al final te acostumbras, y creo que me dormí un poco. Cuando me desperté, sobre las tres de la madrugada, solo veía el mar y todo el mundo tumbado. La patera estaba llena de agua, ¡estábamos todos mojados! Estuvimos sacando el agua de la barca el resto de la noche y todo el día siguiente.

NOS RECOGIÓ UN BARCO DE SALVAMENTO MARÍTIMO

Habíamos salido a las doce de la noche del sábado, y, sobre las siete de la tarde del domingo, apareció un barco pequeño del Servicio Marítimo de la Guardia Civil española y nos atrapó. Nos preguntaron dónde estaba el capitán y nosotros dijimos que se había tirado al mar; también si había mujeres embarazadas o menores de edad, y contestamos que no. Claro que nosotros tampoco entendíamos nada porque hablaban en español, pero siempre decíamos que no. Nos preguntaron si íbamos a España o a Marruecos. «¡A España!», dijimos todos a la vez.

Estuvieron sacando fotos y dando vueltas a nuestro alrededor para que no nos escapáramos. Mientras, la patera se iba moviendo con el oleaje. Esperamos desde las siete hasta las doce de la noche, que es cuando llegó el barco de Salvamento Marítimo. Llevaba ya más de cien personas recogidas a bordo, todas marroquíes. Nuestra patera era la tercera que habían interceptado.

Subimos todos a bordo, nos dieron un chaleco salvavidas y pusieron rumbo a Algeciras. También nos dieron unas galletas, pero nadie tenía hambre. Pasamos otra vez toda la noche de viaje, muertos de sueño, todos mojados, con la sal del mar pegada al cuerpo, que hace que te pique todo. La gente estaba tumbada en el suelo. Yo también me tumbé y me dormí un poco, a pesar del frío.

LLEGAMOS A ALGECIRAS

A las seis de la mañana llegamos a Algeciras. Había mucha policía y voluntarios de la Cruz Roja. Nos hicieron sentar a todos y luego, primero a los mayores y después a nosotros, los menores, nos llevaron a unas carpas. Allí nos dieron un poco de desayuno y ropa para cambiarnos, y empezaron a coger nuestros datos.

Nos preguntaron cómo estábamos, si teníamos alguna enfermedad, si teníamos familia, con quién habíamos venido y de qué lugar habíamos salido. Algunos tenían un intérprete, pero a la mayoría nos hablaban en español. Nos dieron un papel donde tenías que poner, en números, tu edad y lo que medías. En la última entrevista, con la policía, había un traductor marroquí que te preguntaba si conocías al acompañante del grupo, si le habías visto la cara y cómo le habías pagado. Yo le dije que había ido mi padre a pagar y que yo, cuando subí a la patera, me mareé y me dormí, y no me enteré de nada, que ni siquiera había visto quién iba conduciendo.

TE QUITAN EL MÓVIL

A todos los menores nos colgaron en el cuello una ficha con nuestros datos. Y nos metieron en unos autocares especiales, que tenían unos compartimentos pequeños donde cabían solo dos personas. Eran como las jaulas donde transportan a los animales: estaba todo cerrado y no te podías mover ni escapar.

Llegamos a un centro, nos dieron galletas y yogur, y una cama para dormir. Nos volvieron a hacer otra entrevista, con

un traductor; nos hicieron fotos y nos tomaron las huellas digitales.

Dos días después, vino otro bus y nos llevó a un centro de atención para menores que era del SAMU (Servicio de Asistencia Médica de Urgencias). Cuando llegamos, ya había unas sesenta personas. Entramos en una sala y estuvimos esperando a que viniera la directora.

Cuando llegó, nos preguntó también sobre muchas cosas. Nos hicieron una revisión médica y nos dieron ropa para cambiarnos. Nos duchamos y cenamos. Cuando me acosté, ya no sabía dónde estaba; aún sentía que estaba en la patera y me despertaba asustado.

Allí pasé un día y medio. A mis colegas se los llevaron por la tarde y yo me quedé sin saber nada de ellos, porque te quitan el móvil y no te lo devuelven ni para hablar con tus padres. Después de haber cruzado el mar, ¡no puedes ni llamarlos para decirles que estás bien! Me sentía muy enfadado, nervioso. Tampoco podíamos salir.

Hasta pedimos que nos devolvieran a nuestro país porque todo aquello no se podía aguantar.

Al día siguiente, nos fuimos ocho chicos en una furgoneta, contentos porque nos iban a cambiar de centro.

UN CENTRO DE MENORES

Pasamos por Málaga, Cádiz y Sevilla, y, al cabo de un rato, el conductor tomó una carretera nacional. Solo había campos de cereales, girasoles y garbanzos, con tractores y cosechadoras. Llegamos a un pueblo, a unos cincuenta kilómetros de Sevilla, y vimos que había un hotel de cuatro estrellas. En broma dijimos: «¡Igual vamos a parar a desayunar!». El conductor pasó por la rotonda y bajó hacia el hotel. «¡Guau!», pensamos, pero al llegar vimos ¡que era un centro de menores!

Nada más bajar de la furgoneta, el director del centro, a través de un monitor marroquí, nos dijo que teníamos que barrer la parte de fuera del hotel, que era supergrande, y luego nos darían el desayuno. ¡Acabábamos de llegar! Íbamos cargados con nuestras bolsas, estábamos cansados, con sueño, con mucho calor... ¡Y venga a barrer! Y, encima, cuando acabamos, ya no quedaba desayuno. Nos trataron muy mal.

Estuvimos esperando a pleno sol hasta que el director pudo hablar con nosotros. Yo ya tenía ganas de irme de allí, de apañármelas solo. Cuando llegó, nos hizo las mismas preguntas que ya nos habían hecho.

Estuve allí cuatro días. Hacíamos turnos de limpieza, clases por la mañana y fútbol por la tarde; el fin de semana venían monitores jóvenes para hacer deporte. No te dejaban descansar, pero estaba bien que te distrajeran, para olvidar un poco.

Al final, nos dejaron un teléfono para hablar con la familia. Solo cinco minutos. A mí me preocupaba mucho mi familia, porque no sabían si yo estaban bien.

En aquellos cuatro días, estuve pensando cómo me podía escapar de allí sin que me descubrieran. A través de la cuenta de Facebook, contacté con mi hermano, que estaba en Huelva. Le dije que tenía que irme de aquel lugar. Me dijo que estuviera tranquilo, que ya encontraría la manera de salir de allí, que no dijera nada a nuestros padres para que no se preocuparan.

«¿VAS A TIRAR LA BASURA O A ESCAPARTE?»

El sábado me llamó mi hermano, a través del teléfono de un chico del centro, para decirme que vendría un amigo suyo a buscarme aquella misma noche. Yo le dije que a esas horas todas las puertas estaban cerradas y que no podría salir sin autorización. Dijo que vendría igualmente.

Recordé que un día que había estado lavando platos había visto a unos chicos que salían por una puerta de la cocina a fumar. Se lo pregunté y me explicaron cómo hacerlo. Así que, después de cenar, estuve ayudando en la cocina y, cuando sacaban el carro de la basura, uno de los chicos me hizo un gesto para que me fuera con ellos. Un monitor me preguntó a dónde íbamos. Le dije que a tirar la basura. «¿Vas a tirar la basura o a escaparte?», me dijo. Le dije que no me iba a escapar, que estaba muy bien allí. Estuve hablando con él y me cogió confianza. Cuando salí, me escondí entre los árboles y nadie me vio. Por fin llegó el coche y nos fuimos rápido, sin mirar atrás.

ERA EL PRINCIPIO DE NUESTRO FUTURO

Fuimos a Huelva, a Lepe, donde estaba mi hermano y sus amigos del pueblo. ¡Aquello era otra vida! Pude llamar a mis padres, hablar con ellos y decirles que estaba bien. También conseguimos que vinieran los dos colegas que estaban en el otro centro. ¡Al final nos reunimos todos!

Entonces pensamos en irnos a Barcelona. Llevábamos quince días en España. Era el principio de nuestro futuro e íbamos a probar cómo nos iba.

Compramos los billetes del autobús que iba de Sevilla a Barcelona con los papeles de otras personas. Teníamos que ir con mucho cuidado porque había controles de policía en todas las carreteras: desde 2017 hasta 2019 habían llegado muchos menores en autobús, y estas estaban bastante vigiladas.

Viajamos toda la noche. Cuando llegamos a la estación, estábamos asustados porque había mucha policía. Allá nos esperaba mi primo y otros amigos. Nos saludamos y ya se nos pasó el miedo.

Mi primo conocía a un educador del centro de menores donde había estado, y él nos acompañó a la comisaría de la plaza de España. Otra vez nos tomaron huellas, fotos y vuelta a esperar. Dormimos allí mismo, en los asientos de madera. A la mañana siguiente, nos pasaron a la DGAIA (Direcció General d'Atenció a la Infància i l'Adolescència). Allí, nos enviaron a cada uno a un centro diferente. A mí me tocó Mas Pins, que está en la carretera entre Molins de Rei y Vallvidrera.

El director era marroquí. Me explicó las normas y me dijo que me iban a ayudar. Aquella noche dormí de un tirón.

«¡TENGO PAPELES!»

En el mes de noviembre cumplí los dieciocho años y tenía que tramitar mi permiso de residencia. Si pasan seis meses desde que cumples la mayoría de edad y no tienes permiso, pierdes la residencia y tienes que esperar tres años más para tener papeles.

Aquellos meses estuve bastante agobiado. Una chica del centro me puso en contacto con Can Calopa, de la cooperativa L'Olivera, y propuso que fuera allí hasta que tuviera mis papeles en regla.

Estuve al menos cinco meses esperando los papeles que había pedido en el consulado, pero ¡no llegaban! Iba cada día al consulado, preguntaba, y siempre me decían que no habían llegado. Y yo me enfadaba mucho. Hasta que por fin me llamaron para decirme que ya los habían recibido. El chico me dijo que habían pasado muchas personas por allí y ninguna se había espabilado tanto como yo.

La abogada presentó todos los papeles para conseguir el permiso y me vine a L'Olivera, a Vallbona de les Monges. Llegué en enero de 2020. A mediados de febrero, la abogada me llamó para decirme que ya se había resuelto la petición y que era favorable. Me mandó el resguardo, y yo, que estaba trabajando en el campo, me puse a gritar como un loco: «¡Tengo papeles!».

Entonces empezamos con el confinamiento. Hasta el mes de mayo no abrieron

las oficinas de Extranjería y no pude ir a hacer la toma de huellas dactilares. Los papeles caducan al año, y cuando fui a Extranjería ya hacía veinte días que habían caducado. Tuve que pedir otra cita. Todo eran problemas burocráticos que alargaban la espera. En septiembre, por fin salió la resolución favorable. Fui a que me tomaran las huellas y a principios de enero de 2021 fui a buscar el permiso de residencia. Por fin lo tenía, pero ¡no me autorizaba a trabajar!

ME HA CAMBIADO LA VIDA TOTALMENTE

Tenía que conseguir el permiso de residencia que me autorizara a trabajar. Estaba preocupado y nervioso. Entonces L'Olivera puso en marcha un proyecto de inserción laboral para personas en riesgo de exclusión y pude entrar. Era el verano

de 2021. Tenía los papeles en regla y decidí ir a ver a mis padres. Estuve un mes, durante la fiesta del cordero.

Empecé los trámites para la residencia con autorización de trabajo en febrero de 2022, y en junio de 2022 me la concedieron. Ya pude darme de alta en la Seguridad Social y cobrar mi nómina. Tenía trabajo y casa. Ya hablaba mejor el castellano y el catalán, conocía gente y me encontraba a gusto.

Ya no tenía aquella vida que había vivido en mi país, en que cada mañana tenía que pensar lo que iba a ganar: si ganaba cuarenta euros, tenía que darle treinta a mi padre y yo me quedaba con diez. Me ha cambiado la vida totalmente. Ahora cobro mi nómina, envío dineritos a mi familia y ellos están contentos.

Cuando llegué, no sabía nada de viñedos ni de olivos, pero ahora tengo bastante experiencia. Me gusta aprender cosas, sea de plantas, de podar o de maquinaria. También he hecho cursos, y tengo ganas de tener un título y seguir formándome. Mi vida ha cambiado muchísimo, no es como antes.

Aquí se acaba la historia. ✱

PARA SABER MÁS

¿QUÉ ES UN VISADO?

El visado es el documento que expiden las misiones diplomáticas y las oficinas consulares de España, y que autoriza a los ciudadanos de determinados países a entrar en el territorio español y llevar a cabo aquellas actividades para las cuales se ha expedido el visado. Los requisitos para obtenerlo pueden ser, entre otros: tener pasaporte, medios económicos, un alojamiento en España o una invitación de amigos o familiares, y un seguro médico de viaje. La estancia como turista es únicamente de tres meses.

La mayoría de las personas obligadas a emigrar no cumplen ninguno de estos requisitos, por lo tanto, no pueden acceder a un visado y tienen que emigrar de forma ilegal.

¿QUÉ ES UN NIE?

El Número de Identidad de Extranjero es un número personal, único y exclusivo de los ciudadanos extranjeros. Se les asigna un NIE a las personas a cuyo favor se inicie un procedimiento para obtener un documento que las habilite para permanecer en territorio español que no sea un visado; a las que tienen abierto un expediente administrativo, y a las que tienen intereses profesionales, económicos o sociales en territorio español.

¿QUÉ ES UN REFUGIADO?

Una persona que huye de su país de nacionalidad o de residencia habitual y no puede o no quiere volver porque teme por su integridad física, ya sea porque tiene temores fundados de ser objeto de persecución por motivos de etnia, raza, religión, sexo, orientación sexual, nacionalidad, opiniones políticas o pertenencia a determinado grupo social; ya sea porque quiere evitar las consecuencias de un conflicto armado o de una situación de violencia permanente, la violación de los derechos humanos o los efectos de un desastre natural o humano.

La persona así perseguida, o con temores fundados de serlo, puede pedir asilo o refugio y, si le es reconocido por las autoridades del nuevo país, obtiene una protección consistente en el derecho a la no devolución ni expulsión, la autorización de residencia y trabajo permanente, y otros derechos.

¿QUÉ ES EL EMPADRONAMIENTO?

El empadronamiento es el acto de inscripción en el padrón del municipio donde la persona vive habitualmente. Pueden empadronarse todas las personas que residen en el país, con independencia de su nacionalidad o de si cuentan o no con una autorización de residencia.

Muchas personas obligadas a emigrar no tienen domicilio fijo, pero también deben comunicar su situación al ayuntamiento, y este debe empadronarlas.

El empadronamiento es obligatorio y muy importante, porque proporciona el acceso a derechos básicos, como la asistencia sanitaria pública, servicios de atención social primaria, ayudas de urgencia social y servicios en centros para niños y adolescentes, entre otros.

¿QUÉ ES UN MENA?

A los menores de dieciocho años de origen extranjero que están en España sin el cuidado o acompañamiento de un adulto, se les denomina con las siglas MENA (Menores Extranjeros No Acompañados). Tienen derecho a la protección del Estado en las mismas condiciones que los menores españoles, y, por tanto, las administraciones públicas tienen la obligación de velar por su bienestar.

Si son menores indocumentados y no tienen familiares en España, son puestos a disposición de las autoridades encargadas de la protección de menores. En el caso de que los familiares no sean localizados, y transcurrido un tiempo desde la puesta a disposición del servicio de menores, pueden pedir una autorización de residencia.

¿QUÉ ES LA AUTORIZACIÓN DE RESIDENCIA TEMPORAL POR CIRCUNSTANCIAS EXCEPCIONALES?

Es una autorización que se puede conceder a ciudadanos que no pertenecen a ningún estado de la Unión Europea, del Espacio Económico Europeo o de Suiza que, entre otros requisitos, hayan permanecido de forma continuada en España durante un periodo mínimo de tres años, no tengan antecedentes penales y cuenten con contrato o contratos de trabajo, y o bien tengan vínculos familiares en España o estén integrados socialmente. Para demostrar la integración tendrán que presentar un informe de arraigo social, emitido por la comunidad autónoma o el ayuntamiento de la ciudad donde tengan su domicilio habitual.

FICHA DE TRABAJO

Para ir más a fondo, podéis descargar nuestra propuesta didáctica: https://akiarabooks.com/es/libro/obligados-a-partir/

AGRADECIMIENTOS

Nuestro más profundo agradecimiento a todas las personas y entidades sin las cuales este libro no habría sido posible, especialmente a Ángeles Schjaer, coordinadora pedagógica de Open Arms; Soledad Prieto, directora del Centro Penitenciario de Mujeres de Wad-Ras; Pau Vidal, coordinador de la Red de Hospitalidad de la Fundación Migra Studium; Núria Danés, directora de la Fundación de la Esperanza; Maria Pico, coordinadora técnica de la Casa de Recés de la Fundación de la Esperanza; Àngels Sala, coordinadora del proyecto Biocuidados en la Cooperativa L'Olivera, y Javier Alonso, abogado especialista en temas de migración.

ENFOCAR LA MIRADA

LAS ILUSTRACIONES de este libro han sido creadas no solo para acompañar las historias de los seis entrevistados, sino que también nos invitan a detenernos en cada relato para reflexionar sobre lo que sus protagonistas han querido contarnos. La lectura de las imágenes puede ser escurridiza y embrollada, pero resulta gratificante desenredar su significado e interpretarlo. Las ilustraciones se convierten en un medio a través del cual despertar preguntas, tirar de los múltiples hilos que nos lanzan los entrevistados, y darse cuenta de las dificultades y los obstáculos a los que han tenido que enfrentarse.

El libro está formado por ilustraciones de carácter simbólico que actúan como contrapunto de la narración. Todas las imágenes se centran en algún aspecto particular de los protagonistas: su origen, vivencias, alguna anécdota, su profesión o aspiraciones. A pesar de la inmediatez visual y la destilación conceptual que conlleva el uso del símbolo, las ilustraciones que tenemos en nuestras manos buscan una mirada más atenta y escrutadora. Tienen la voluntad de convertirse en un ancla dentro del fluir del texto y posibilitar un espacio donde podamos detenernos para contemplar algunos de los elementos que configuran cada historia, desde un nuevo prisma alejado de la literalidad.

A menudo, la temporalidad y la intensidad del trayecto físico y vital de los protagonistas dificultan fijar el relato en una sola imagen. Por ese motivo, los retratos que dan incicio a cada entrevista tienen múltiples dimensiones, y su carácter de *trencadís* sugiere esa dificuldad: nos acercamos a ellos de forma subjectiva a través de su vida, del itinerario que han seguido o de otros elementos de la crónica personal. Los mapas que acompañan cada apartado ayudan a situar los trayectos sobre la geografía. Son caminos con un punto de inicio pero sin final, pues se detienen en el momento en que se realiza la entrevista.

Este abanico de experiencias enlazadas por la huida explica, sin embargo, la heterogeneidad de tonos en una paleta de color de registro cálido. Representar a cada protagonista con uno de esos colores no es solo una decisión estética, sino que responde también a la necesidad de ayudar a focalizar la atención y a no distraerse con las posibilidades deslumbrantes del color. Así, la ilustración acaba convirtiéndose en un soporte más inmediato y, al mismo tiempo, por la distancia que crea con la realidad, posibilita un mayor espacio de interpretación personal.

Como curiosidad, he acompañado cada retrato de un pájaro. Esta ave funciona como *alter ego* del protagonista con el que comparte el lugar de origen. Como las aves migratorias, los protagonistas de este libro han tenido la valentía, a pesar de las dificultades y los obstáculos de un viaje lleno de incertidumbres, de emprender el vuelo en busca de unas condiciones de vida más favorables. Estacionalmente, sabemos que las aves regresan a su punto de origen. Ojalá las condiciones para desenvolverse dignamente tengan para Soly, Helena, Ruth, Said, Meriem y Ossama el mejor destino posible: aquí o allí.

CINTA FOSCH

16,5 x 23,5 cm
NOU FORMAT LLIBRE
PERIPLE
SOLY
DUNIA
KATO
GUARDES
→ ÍNDEX LLIBRE
ABSTRACCIÓ

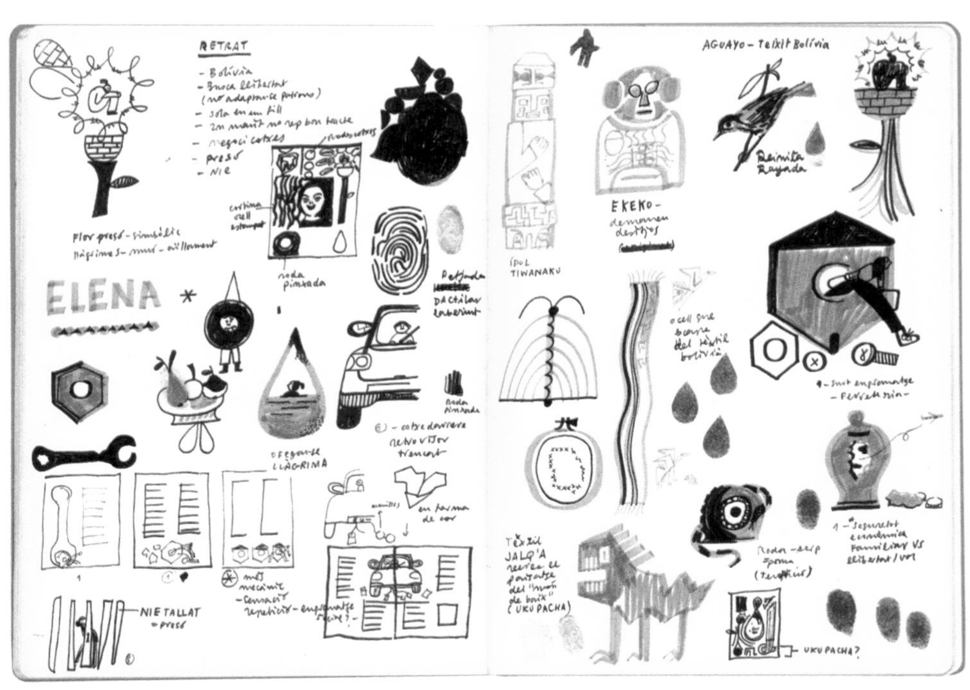
RETRAT
ELENA
AGUAYO - Teixit Bolívia
EKEKO -
ÍDOL
TIWANAKU
LLÀGRIMA
NIETALLAT
UKU PACHA?

Alep
germans?
KURD
SAÏD
BILAL
NUS SABATA
Rellotge
cicle ∞
SABATA PERDUDA
(com a serp)
PIT ROIG
SAÏD:
ODISSEU
CONTEMPORANI
Saïd
Alep ruïnes
Família fugint
2 germans bomba
Guerra
servei militar
degradat color?
CALAVERA-MUNCH
CONSTRUCCIÓ-MILITAR
AMENACES
("cuando hay guerra no puedes hacer nada")
IBIS ERMITÀ
PRE
POST
1) FUGINT ALEP
VIDA TRUNCADA
PETJADA
laberint
skyline
Alep

REFUGI
ESTUDIAR
Casa de Recés
creer en mí misma
CASA-FAMÍLIA-ESTUDIS
desitjos?
interrogants?
Ruth
RUTH
QUITAPENAS
carta presó
el Torogoz
(au típica El Salvador)
PAR
AVION
paper Sobre
interior
= injustícia?
dibuix
CASA DE RECÉS
LLAR
Picados El Salvador
SOLY
RUTH
PICADOS → HISTÒRIA FAMÍLIA

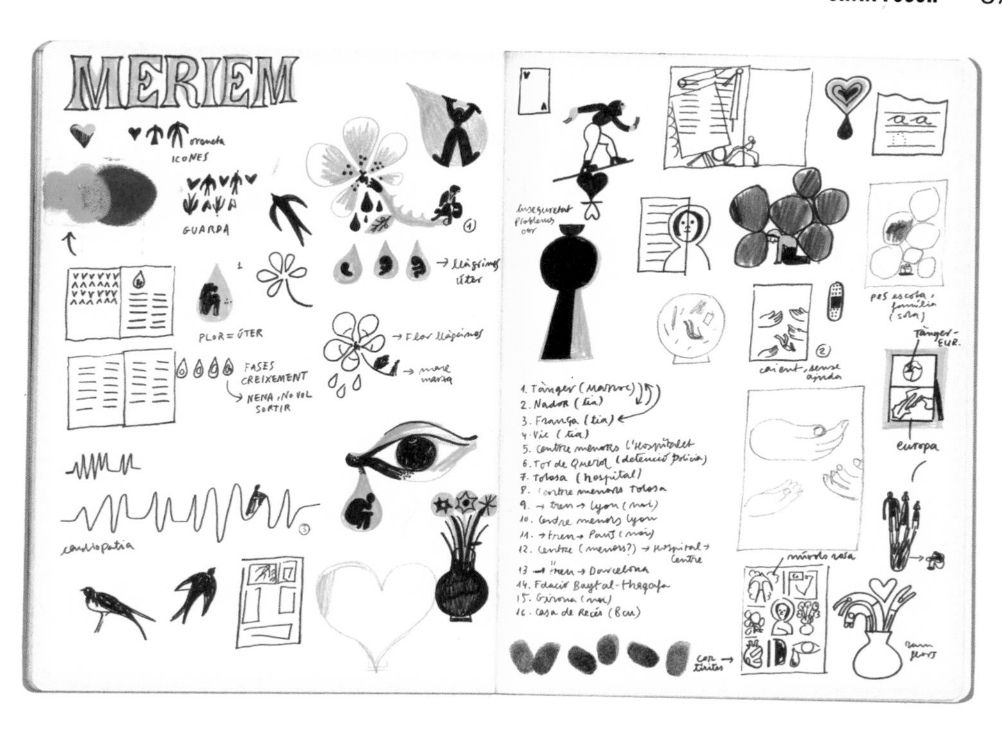
MERIEM
oreneta
ICONES
GUARDA
PLOR = ÚTER
FASES CREIXEMENT
→ NENA, NO VOL SORTIR
→ llàgrimes úter
→ Flor llàgrimes
→ mare marxa
cardiopatia
inseguretat problemes cor
1. Tànger (Marroc)
2. Nador (tia)
3. França (tia)
4. Vic (tia)
5. Centre menors l'Hospitalet
6. Tot de Querol (detenció policia)
7. Tolosa (hospital)
8. Centre menors Tolosa
9. → tren → Lyon (nit)
10. Centre menors Lyon
11. → tren → París (nit)
12. Centre (menors?) → Hospital → Centre
13. → tren → Barcelona
14. Fdació Bayt al-Thaqafa
15. Girona (nit)
16. Casa de Recés (Bcn)
pes escola, família (sola)
Tànger - EUR.
caient, sense ajuda
europa
mirada rosa
ram flors

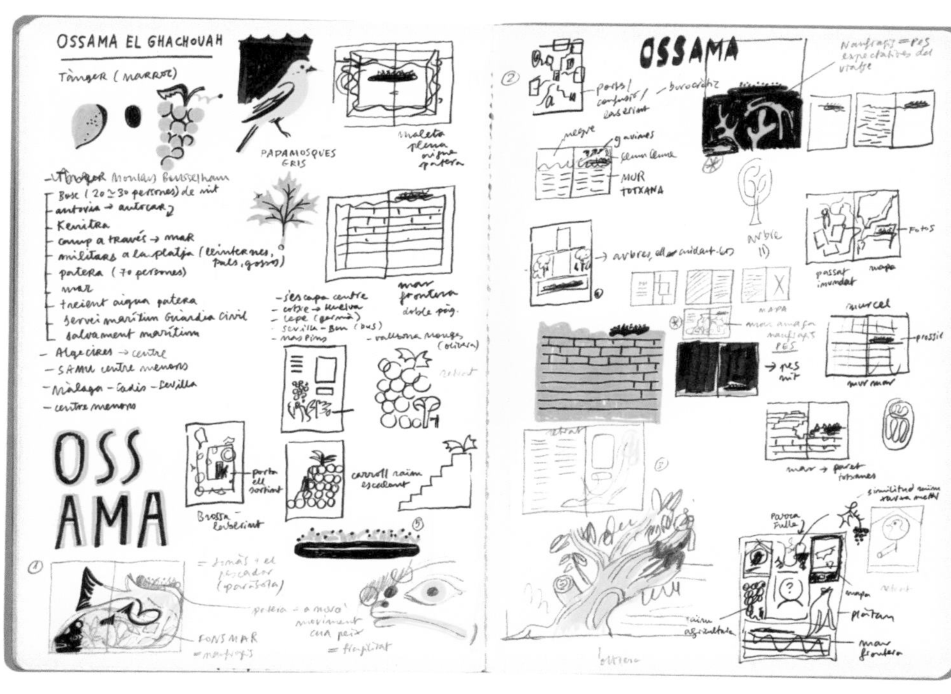
OSSAMA EL GHACHOUAH
Tànger (Marroc)
PAPAMOSQUES GRIS
maleta plena aigua pastera
Bosc (20-30 persones) de nit
autovia → autocar
Kenitra
camp a través → mar
militars a la platja (llinternes, pals, gossos)
patera (70 persones)
mar
treient aigua patera
servei marítim Guàrdia Civil
salvament marítim
- Algeciras → centre
- SAMU centre menors
- Màlaga - Cadis - Sevilla
- centre menors
-s'escapa centre
- cotxe → Huelva
- Lepe (germà)
- Sevilla - Bcn (bus)
- mas Pins
mar frontera
doble pàg.
OSS
AMA
porta ull sorprès
Brossa laberint
carroll raïm escalant
FONS MAR = naufragis
OSSAMA
Naufragi = pes expectatives del viatge
portes/confusió/laberint
burocràcia
MUR TOTXANA
arbre
passat inundat
mapa
MAPA
PES
→ pes nit
mur mar
mar → paret totxanes
similitud raïm
raïm agrupat
plàtan
mar frontera